斎藤一人 一日一語

三六六のメッセージ

仕事編

斎藤一人 著

ぴあ

斎藤一人
一日一語

三六六のメッセージ　仕事編

斎藤一人 著

はじめに

こんにちは、一人さんこと斎藤一人です。

一年、三六六日間分、一人さんの言葉を集めた『一日一語 斎藤一人 三六六のメッセージ』が、好評だったようでね、今回は第二弾の『仕事編』をお届けします。

私が今まで、講演で話したり、本で書いてきた、「仕事」に関する言葉が集められています。仕事の成功法則もあれば、仕事をしている人たちへのエールもあります。また、新しい時代に向けての未来図や、仕事改革の提案など新たな言葉も入っています。

人は生きていくうえで、お金は必ず必要です。そして、そのお金を得るために、誰もが働かなくてはなりません。

どうせ働くなら、「楽しくて、おもしろくて、儲かる方がいい」に決まっている。働くのがつらいなんて、もったいないよね。

「働くのが楽しい！」「会社に行きたくなる」と思えるヒントを、この本の中に散りばめておきました。

あなたが成功へのヒントを見つけ、実践したとき、言葉は宝石のようにキラキラ輝き、あなたを幸せへと導くことでしょう。

ただ、三六六の言葉の中には、今まで偉人や有名人が話した言葉もあるかもしれません。私は、本が大好きなので、そこから得た知識かもしれない。一人さんも完璧な人間じゃないので、その点は、ゆるしてくださいね。

この本が仕事に行く前の活力になり、仕事をしたあとの癒しになる。そんな一冊になることを願っています。

あなたに雪崩のごとく幸せが降り注ぎます。

愛を込めて　斎藤一人

【この本の使い方】

○今日のページを開いて、エネルギーをチャージ！

この本は、三六六日毎日、一人さんの名言が書かれています。一日一語、一人さんの名言から元気のシャワーを浴びてください。

○自分の誕生日を開いて、その言葉を大切にする。

日にち順に三六六日分の言葉があるので、必ずあなたの誕生日もあります。この誕生日に掲載された言葉を、大切にしてもいいでしょう。

○心に響く言葉を見つけて、仕事に活かそう。

本の中であなたの琴線に触れた言葉を探し、仕事をするうえでの指針にしてはどうでしょう？ぜひ、それを実行に移してください。

○本をパラパラとめくって、即実行！

本をパラパラめくって、目についた言葉通りに、今日行動してみる。こんな使い方もできますよ。

○自分の悩みに合う「テーマ」を選んで、読んでみる。

この本では、言葉に合わせた「テーマ」を示しています。悩みに応じたテーマを探して、今のあなたの問題を解決することもできます。

○同僚や仕事仲間に好きな言葉を贈ろう。

仕事の仲間、または仕事で悩みを抱えている友人に、一人さんの言葉を伝えてあげてください。何よりのエールになるはずです。

○何度も読んで、自分のものにしよう。

今の悩みも、これからの問題も、一人さんの言葉には、必ず解決できるヒントが隠されています。何度も読んで、できることからやってみましょう。

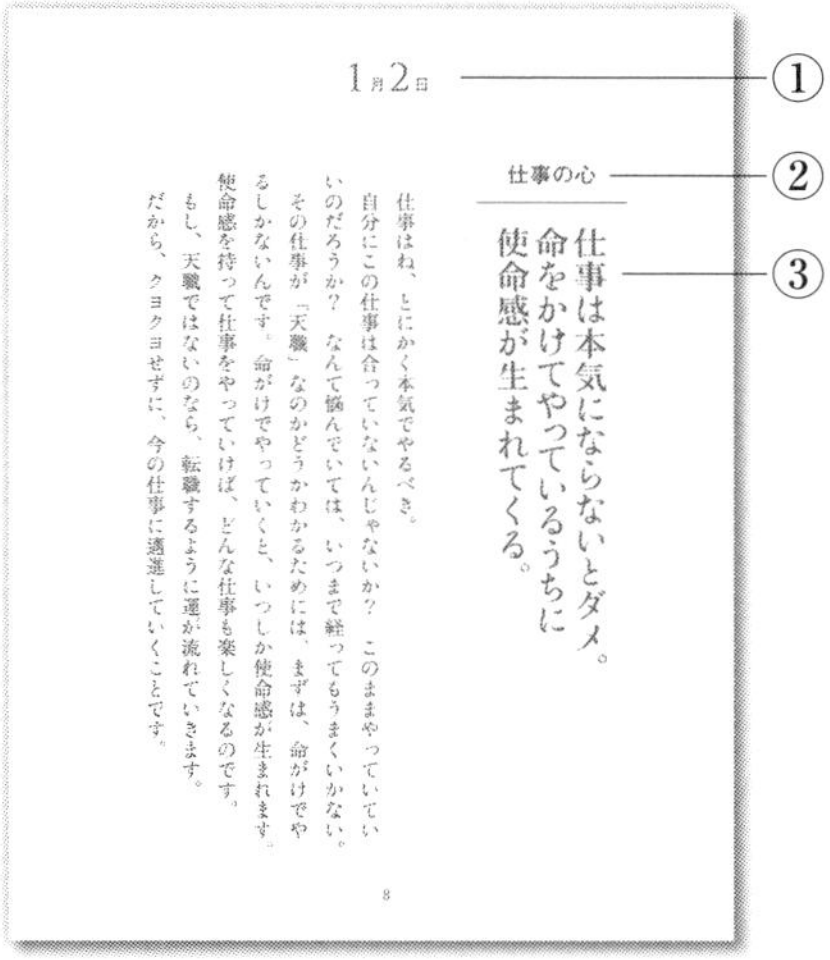
1月2日

仕事の心

仕事は本気にならないとダメ。
命をかけてやっているうちに
使命感が生まれてくる。

仕事はね、とにかく本気でやるべき。

自分にこの仕事は合っていないんじゃないか？　このままやっていていいのだろうか？　なんて悩んでいては、いつまで経ってもうまくいかない。

その仕事が「天職」なのかどうかわかるためには、まずは、命がけでやるしかないんです。命がけでやっていくと、いつしか使命感が生まれます。

使命感を持って仕事をやっていけば、どんな仕事も楽しくなるのです。

もし、天職ではないのなら、転職するように運が流れていきます。

だから、クヨクヨせずに、今の仕事に邁進していくことです。

8

①今日の日にち

②テーマ

それぞれのページに、一人さんの言葉に合わせたテーマをわかりやすく示しています
主なテーマは以下のとおり。自分に合ったテーマを探してみましょう

[働き方][生き方][仕事の心][成功の法則]
[商売の極意][お金][経営][起業][出世]
[神様][悩み解決][人間関係][上に立つ人へ]
ほか、お弟子さんへの詩、「今月はこの口ぐせを」などもあります

③今日の言葉

一人さんの言葉から、名言を選びました

1月
JANUARY

1月1日

元旦に贈る言葉

今日から一年が始まる。
そして、命が始まる。

1月2日

仕事の心

仕事は本気にならないとダメ。命をかけてやっているうちに使命感が生まれてくる。

仕事はね、とにかく本気でやるべき。

自分にこの仕事は合っていないんじゃないか？　このままやっていていいのだろうか？　なんて悩んでいては、いつまで経ってもうまくいかない。

その仕事が「天職」なのかどうかわかるためには、まずは、命がけでやるしかないんです。命がけでやっていくと、いつしか使命感が生まれます。

使命感を持って仕事をやっていけば、どんな仕事も楽しくなるのです。

もし、天職ではないのなら、転職するように運が流れていきます。

だから、クヨクヨせずに、今の仕事に邁進していくことです。

1月3日

今月は
この口ぐせを

「今がとっても幸せ」

人間として生まれてきた以上、最低ひとりは幸せにしなくちゃいけない人がいる。それは、家族でもパートナーでもない。一番身近にいる人。そう「自分自身」なんです。

自分を幸せにするためには、「幸せ」「幸せ」「今がとっても幸せ」って、幸せという言葉をいっぱい言えばいいだけ。

「幸せ」を言葉にして言っていると、今ある小さな幸せに気づくことができるようになる。「朝目覚めて、幸せ」「ご飯が食べられて幸せ」「今年が迎えられて、幸せ」って。これが大事なんです。

1月4日

お金

いいかい。
お金というのは
神のひらめきでできたもので
汚いものではないんだよ。

お金を汚いもののように語る人がいたら、その人はあなたから、お金を取ろうとしているかもしれない。気をつけることだよ。

お金は神様が作ってくれたもので、尊いものなんです。汚いものなんかじゃない。そのお金を汚く稼いだり、汚く使ったりする人間がいるだけのこと。

1月5日

仕事の心

社会に出たら
苦労するって思ってないかい？
社会に出たら
お金がもらえるんだよ。

学校で宿題が出たら、イヤだったよね。だって、あれは残業だよ。先生が教えきれなかったことを宿題という形で押しつけられたんだよ。

社会に出て、残業するとお金がもらえるんだよ。どんな仕事でも、自分から楽しんでやれば、信頼を得て、さらにお金までいただける。これほど、おもしろいことはない。

1月6日

生き方

人間に生まれただけで価値があるの。もっと自分に自信を持ちな。

何か特技があることや、特別なことができるから、「自信がある」のではない。みんなひとりひとり価値がある人間なんです。たとえ、何もできなくても、人間というだけで価値があるんだよ。

だから、自信を持っていいんだよ。

今日の仕事だって、絶対うまくいくよ。

1月7日

一人さんも共感!

この人のココが活かせるよ

アンドリュー・カーネギーさん

鉄鋼王と呼ばれたカーネギーさんですが、実は鉄のことはよく知らなかった。でも、鉄に精通した優秀な部下を信じ、すべてを任せていたんです。部下を信頼していたからこそ、部下から慕われていた。

男気のある商売の仕方に共感するものがあります。

[PROFILE] アンドリュー・カーネギー
イギリスのスコットランド生まれ。アメリカの実業家。カーネギー鉄鋼会社の創業者。慈善家としてカーネギー財団を設立したことでも有名。

1月8日

成功の法則

仕事は苦労しても成功しないよ。高校野球だって苦労して甲子園に来た子はいないんだよ。

苦しんで苦しんで成功した人って、どこか言うことがみみっちい。「私は苦労してお金をもうけたんだから、お前もイヤな思いくらいしろ」とか、底意地悪いことを言い出す。

自分が楽しくやって成功すると、他人にも楽しく成功してもらいたいと思うんです。ラクすることじゃないよ。楽しむんです。

高校野球だって、苦労ばかりで甲子園に来た子はいないんだ。野球が好きで楽しんで、一生懸命やったんだよね。

仕事もゲームだと思って、苦に思わず楽しむんです。

1月9日

仕事の心

ひとつずつ上を目指していくと「加速の法則」が働くんです。

一気に上に上がろうとしても、簡単に上がれるものではない。大切なのは、ひとつ上を目指すこと。

床掃除から皿洗い、皿洗いから下ごしらえ、下ごしらえから前菜の担当というように、一歩ずつ一歩ずつ上がるの。歩みは遅いように見えるけど、前菜担当からメイン担当までは、すぐなんです。「加速の法則」が働くからね。

上に行けば行くほど、ラクにできるようになるんだよ。

1月10日

商売の極意

お客さんは店の外からやってくるんだよ。

お客さんって、店の中からは湧いてはこない。店の外から来るんです。だから、入りたくなるような店にするんだよ。出入り口はきれいか、店内は暗くないか、窓は汚れてないか。

そして、外から入りやすいようないろいろ考えてみるんだよ。看板におもしろいことを書くとか、窓に花を置くとかね。

そんなことを考えて商売すれば、商売はより楽しくなってくるよ。

1月11日

経営

大手に負けちゃいけない。まずは気持ちから。

仕事をしていると、大手と戦うこともある。自分が大手でなくても、負けちゃいけないよ。

「袋叩きにしてやる」ってぐらいの戦う気持ちがないとダメ。まずは、気持ちで負けないことです。

気持ちを強く持てば、相手が大手だろうが、トップ企業だろうが、競い合うことはできるんです。

1月12日

成功の法則

仕事は自分がワクワクする方法でやればいい。

どんなことでワクワクするのかは、人それぞれなんだよね。孫正義さん（ソフトバンクグループ創業者）みたいに、会社をドンドン大きくしたい人もいる。それはそれで、素晴らしいことなんです。

だけど、私はちっちゃい会社で、どのくらい売り上げを出せるか挑戦するのが楽しい。そういう人もいるの。

やり方は、千差万別。ただ、楽しくてワクワクすることをやるんだよ。

それが成功への道なの。

1月13日

神様

「自分は大工しかできないんです」って言う人がいるけどそういう人がホントにいたらよっぽど特殊な人だね。

オレたちの中には神様がいるの。未熟だけど、みんな神様なんです。だから、「自分は大工しかできない」とか言う人がいるけど、それは違うよ。大工しかできないなんて、そんな特殊な人間はいないんだよ。大工ができるなら、左官屋だって、ラーメン屋だって、サラリーマンだってできるんだよ。

ホント、人間ってね、いろんなことができるの。

何でもできるんだよ。

1月14日

悩み解決

仕事を楽しいものに変える「技」ってあるんです。これを身につけた人は強いよ。

確かに、仕事というものは楽しくない。そんなの当たり前すぎてつまらない。だから「どうやったら、仕事が楽しくできるか」考えるんです。考えると楽しいし、楽しくしようと思えば、いくらでも楽しくできるの。

例えば、昔、米作りは大変だった。それを楽しくする技がありました。田植えのときは、若い娘が苗を植える役になる。男は、まわりで歌を歌ったり、太鼓をたたくんです。着物の裾を上げた娘は色っぽいでしょ。それを見ながら男もがんばって歌を歌う。女性も注目を浴びて楽しかったんですよ。

こういう技を身につければ、仕事は楽しくなるんです。

1月15日

成功の法則

失敗者の特徴は自分の欠点を山ほど発見できるうえに他人の欠点は一〇倍、発見できる。

あなたが自分の欠点を一〇〇個探しても、あなたにいいことは何ひとつないよ。

それより、自分のいいところを言ってごらん。「私って笑顔がいいでしょ？」「料理が上手なんだ」「パソコン打つのは早いよ」ってね。

自分のいいところを発見できたら、他人のいいところも発見できるようになってくるんだよ。

逆にさ、自分のアラばかり探していると、他人の欠点も発見できちゃう。素晴らしいことに、他人の欠点は自分の一〇倍くらい、見つけちゃうんだよ（笑）。

1月16日

生き方

今の会社で一個上を目指せばいい。

今の日本では、足元を見ずに、空想的なことを言うのがカッコいいと思われている。「誰にもできない冒険に挑戦したい」とかね。

本当にカッコいいヤツは、自分が役に立つことを考えるんだよな。今、世話になっているところ、つまりは自分の会社で役に立つことが大事なんです。それで、自分が一個でも上に上がるの。さらに、その一歩を踏み出せない人のために、手助けをする。

これ以上、カッコいいことないよね。

1月17日

プロ意識

人間、役目、役目で仕事がある。どんな仕事も「プロ意識」を持つことだね。

政治家は政治家。社長は社長。商人は商人。家政婦さんは家政婦さん。みんなが、それぞれにやるべきことがあるの。それをわきまえて仕事をするんだよ。自覚を持ってね。そうすれば、実はうまくいくんだよ。

どんな仕事でも「プロ意識を持つ」ということだね。

1月18日

一人さんの未来予想図

会社は、社員を一生懸命働かせようとしてはダメ。頭脳は疲れさせてはいけないんです。

肉体労働は、働けば働くほど、生産性があった。でも、今は頭脳労働の時代。働き過ぎては、いいものが生まれないんです。疲れた頭では、いいアイデアは浮かんでこないの。

だから、会社は社員を休ませること、楽しませることが大事なんです。いい知恵が出てくるようにね。

これからは、そういう時代になってくるよ。

1月19日

悩み解決

自分のもらった役で
どう名演技をするか。
うまく演じることができれば
人生、たいがいのことは成功する。

仕事がイヤだと感じたら、自分は俳優だと思ってください。コンビニで働いているとします。その役柄のイメージして、「自分は最高の売り子なんだ」と思う。すると、笑顔が違うし、「いらっしゃいませ」の声のトーンも変わってきます。

もらった役でどう演技するか。それが、人生をおもしろくするコツです。名演技できたら、人生はたいがいのことは成功なんです。

1月20日

世の中のしくみ

どんな仕事もお金儲けのためにある。

サラリーマンは時間を売っている。八百屋さんは野菜を売っている。おまわりさんは泥棒を捕まえるのが仕事だけど、きちんと給料をもらって、それで生活している。専業主婦だって、家族を支えるために働き、旦那さんからお金をもらっている。

どんな仕事でも、例外なくすべてがお金儲けなんです。私たちは、お金を得るために仕事をしているのです。

1月21日

仕事が終わったら、やってみてごらん

まずさ、彼女に会いに行こう。
女性なら、彼氏にね。
仕事終わって
一番会いたい人に会うの。
それだけで、幸せだよね。

1月22日

成功の法則

一〇年先より一歩先を便利にする。

一〇年先は、マンガでも予測できるんだよ。車が自動運転になるとか、携帯が時計型とか眼鏡型になるとかね。だけど、一歩先を考えるのは意外と難しい。車でも、クラッチがオートマになるなんてマンガでは予測できなかった。

世の中をよくするのは、一〇年先より一歩先。一歩先が便利になることを考える。これが、仕事を成功させるコツなんです。

1月23日

働き方

すぐ怒るやつはバカだ。この言葉を世界に広げよう。

すぐに怒ってはいけませんよ。よく考えてから怒るんです。最低三日は考えましょう。三日間考えて、まだ怒りたくなることって、めったにないんです。

そう、すぐ怒るやつはバカなんです。

1月24日

人間関係

イヤな上司は「観音様の化身」と思ってごらん。

イヤな上司が目の前に現れるということは、やられた人の気持ちをわかりなさいという神様のお知らせなんです。

意地悪な上司をあなたにあてがって、どんな気持ちになるのかわからせてくれたんだよ。

だからさ、「この人は観音様なんだ。自分のために来てくれたんだ。ありがたいな」って思ってごらん。

そう思うと、事態は好転するから。

1月25日

商売の極意

成功するには稼いだお金を維持する力をつけることだ。

一〇〇〇万円稼ぐことができても、その一〇〇〇万円を維持できるかどうかは、別の問題です。稼いだ一〇〇〇万円を維持して、活かす能力がなければ、仕事は続けていけないの。

稼ぐ能力と、維持する能力とは、まったく違うものなんです。だから稼いだときは、注意すること。特に「うまい話があるから」と近寄ってくる人には気をつけることだよ。

次の仕事に活かすため、蓄えておくことも考えるべきです。

1月26日

仕事のやり方

これから必要なのはアドバイスを受け入れる能力。

指導力の良し悪しは問われるけど、これからは、指導される側の力が大切なんです。

何か注意されたり、アドバイスされたとき、ブスッとしたり、不満顔だったら、指導する側も気分が悪くなる。だから、指導を受ける側は注意をしやすいようにしてあげるの。話を聞き入れる姿勢を見せて、「教えていただき、ありがとうございます。また、ご指導お願いします」と言ってみてごらん。指導する側の心が軽くなるから。

アドバイスを受け入れる能力の高い人は、次にはいい指導者になっていきます。

1月27日

今日、仕事に行きたくない人にひと言

未来は明るい。

今、売り上げがよくないからといって、困ったことなんてないの。なぜって、未来は必ず明るいものだから。

悲観的な暗い未来を予言する人もいるけど、そんなの関係ないよ。未来は明るく輝いています。

石油がなくなったって、大丈夫。環境に優しいエネルギーがもうすぐ開発されるからね。

過去よりも現在の方がよくなっている。そして、現在が幸せであれば、未来は明るいのです。売り上げだってよくなるよ。

1月28日

お金

働かないと
愛する人を
助けることができない。

仕事をしなければ、お金は稼げない。お金がなければ、生活ができない。

そして、自分だけでなく、愛する人を助けることもできない。

「愛する人を困らせたくない！」「愛する人のためにがんばる！」。

そう思って、仕事をしてみてください。愛する人のためなら、どんなことでもやれそうでしょ？

1月29日

神様

自分さえよければって思ってないかい？神様はすべて上から見ているからね。

今、うまくいかないのはなぜか？　その理由はカンタンです。心の中で「自分さえよければ」という気持ちで行動しているからです。

自分はもちろんだけど、人のため、世の中のためにならなきゃ、うまくいかないんだよ。みんなのためと始めた仕事でも、軌道に乗った途端、いい気になって、初心を忘れちゃうことがある。

神様はすべて上から見ているからね。そんな人に試練を与えるんだよ。

1月30日

生き方

何もやらない人生はつまらないよ。何かをすれば、答えは出るんだ。

一歩踏み出さないと、何もわからないんです。
やらないと、成功もないし、失敗もない。
でも、一人さんから見ると、何もやらない人生は、
楽しくないし、つまらない。
そういう人生こそが、大失敗なんです。

1月31日

芦川裕子の詩

うつむいていた私
何も言えなかった私
あなたに初めて会ったとき
輝く自分をみつけました
今私は、幸せに向って
大きく翼をひろげます

2月
FEBRUARY

2月1日

今月は
この口ぐせを

「ツイてる、ツイてる」

一人さんはなぜツイてる人間かわかるかい?

小さい頃から「ツイてる」という言葉が口ぐせだったからなんです。道端で転んでも「怪我しなくてよかった。ツイてる」。試験で五〇点取っても「半分正解なんて、ツイてるぞ」ってね。

人生、何といってもツイているのが一番。そのためには、「ツイてる」「ツイてる」って言うことなんです。声に出すとね、脳が「自分はツイてる」って感じるようになるからね。不思議だけど、本当の話だよ。

2月2日

一人さんの未来予想図

長い人生になるからね。仕事もいいけど恋もしないと人間ダメになるよ。

人生一〇〇年と言われるようになり、六〇歳の定年も延長がさけばれるようになった。人生が長くなるから、仕事もできるだけ長く続けたいもの。ただ、恋も死ぬまでするべきだよ。

七〇歳になっても、八〇歳になってもね。ホームに入っても恋は必要だよ。これが自然の流れになる。恋をしていないと、人生はつまらないからね。

2月3日

2月の詩

北国の冬は寒いですか
木枯は淋しいですか
もう咲いています
私の心に一輪の
雪割草の花が

2月4日

悩み解決

「天職」とは、自分にピッタリの仕事という意味ではない。「天職」とは、天に呼ばれた仕事のことを言うんだよ。

自分の「天職」は何だろうと、仕事をくるくる変える人がいるよね。でも、天職は探さなくていいの。今、やっている仕事が天職なんです。その仕事は、あなたにとって必ず学ぶべきことがあります。だから、手を抜かず、神様だったらどんなふうに仕事をするだろうって、考えながらやってみてください。

天に呼ばれた仕事を、せっせとやっていくの。もし、あなたにもっと合う仕事があれば、天から次の「お呼び」がかかり、いいチャンスがやってくるからね。

2月5日

上に立つ人へ

やる気のない人は辞めてもらう方がいい。それで、やる気のない人とある人を入れ換えちゃった方がラクだよ。

やる気のない社員に、やる気を出させるのは無駄だよ。やる気のある人を伸ばしてあげるべきです。そして、やる気のない社員には丁重に話をして辞めてもらった方がいい。

やる気のない人がいられないような会社にしちゃうんです。やる気のない人は、その仕事に向いていないんです。早くわからせてあげることが大事なんです。

2月6日

成功の法則

今日一日で四回以上「ありがとう」って言われる、そんなゲームをしてごらん。

ある日、神様が教えてくれたんだよ。「特別な能力も努力もなくできる成功の法則があるよ」ってね。それを今日は特別に教えましょう。

何をするかって？　それはね「一日四回以上、人にありがとうって言われるゲーム」をすればいいだけ。

人の役に立つことを一日四回する。「ありがとう」って言われるようなことをね。一日四回なら、月に一〇〇回以上。これってスゴいよね。

まず、今日から始めてみないか？

2月7日

一人さんも共感!

この人のココが活かせるよ

ハンフリー・ボガードさん

特にハンサムではない、背も高くない、でも存在感があってカッコいい。

ハンフリー・ボガードさんは、素敵だなと感じる俳優のひとりです。彼の生き様が、姿かたちに現れているのだと思います。

自分を磨いている人は、外見さえも美しく見えるものなんです。

[PROFILE] **ハンフリー・ボガード**
ニューヨーク出身のハリウッド映画の俳優。愛称はボギー。代表作は『カサブランカ』『麗しのサブリナ』など。

2月8日

商売の極意

この世って、真剣勝負だよ。手を抜いちゃいけないの。

お客さんは、大事なお金を使うの。だから、買うときに迷うんです。たくさんの商品から選んでもらう。だからさ、手を抜いた商品を作っちゃいけないんです。そこが、おもしろいの。

新作を出すときは、今以上の物を作る。いつだって、真剣勝負なんです。

2月9日

生き方

人間は生まれたときは原石です。生きている間は原石を磨いて、磨いて磨き抜いて、宝石にするんです。

私は、人間は生きている間は、玉だと思っているんです。玉ってさ、原石を磨いて磨いて磨き抜いて宝石になるんです。人間も自分を磨いて磨いて磨き抜いて、死んでいくのかもしれません。仕事がひとつできるようになった。さらに磨いて、仕事はピカピカになったけど、今度は人間関係がダメとわかった。そうしたら、次は人間関係を磨く。こうして、修行しながら磨いていくとね、人は輝くんです。ダイヤモンドみたいにね。

人生って楽しいでしょ？

2月10日

働き方

人間って、疲れる前に休むと仕事に疲れないんです。

心臓って、生まれてから死ぬまで動いていると思っているでしょ？　でも、本当はそうじゃない。動いては休み、動いては休む。その繰り返しなんです。きっちり休んでいる。だから、死ぬまで動いていられるの。だから、人は疲れる前に休めばいいんです。働きすぎたと感じたら、早めに休むことだよ。そしてね、休めないときは、仕事が楽しくなるようなことをする。楽しければ、疲れないんですよ。

2月11日

成功の法則

人をほめるときは、四割乗せて。私の場合は、三〇倍は乗せてるけどね。

ほめられる努力ではなく、ほめる努力をするんだよ。

あなたを成功に導くのは、人をほめることなんです。しかも、四割上乗せして、ほめるんだよ。「よくがんばったね」じゃ足りない。「さすがだよ。君だからできたんだ。本当にがんばった。スゴいよ」ってね。

一人さんの場合は、お弟子さんたちを三〇倍ほめたんです。そしたら、その期待に対して、一〇〇倍で応えてくれた。

人間って、そういうもんなんです。

2月12日

仕事の心

何でも「おかげさま」のおかげ。最大の神様は、「おかげさま」。

「おかげさま」っていい言葉だよね。

「商売繁盛していますね」と言われたら、「おかげさまです」と言い、「いい商品だね」と言われたら、「おかげさまです」と答える。

決して威張らず、おごらずに、どんなにほめられても「おかげさま」って言うんだよ。何でも「おかげさま」のおかげなの。

日本で最大の神様は「みなさんのおかげさま」なんです。

2月13日

人間関係

会社でイヤなヤツがいる。あなたの修行としてそのイヤなヤツが必要なんだよね。

イヤなヤツが出てきたら、いい修行の相手が現れたと思えばいいんです。イヤなヤツを変えることはできない。だから、あなたが変わるんです。相手が何を言っても笑顔で対応するとか、近づいてきたらすぐ別の場所に行くとか。イヤな波動に触れないよう工夫することです。

それで、いい仲間がいる場所へ行くことだよ。

それでも、イヤなヤツしか出てこないんなら、その原因はあなたなんだよ。「類は友を呼ぶ」って言うからね。

2月14日

商売の極意

なんだかんだ言っても「愛」がなきゃ、商売はできない。仕事は成り立たないんです。

お客さんって、安いところ安いところって探すの。ただ、それが回り回って、自分もまわりも苦しめることになるんだよね。

だから、お互い「愛」で勝負した方がいいよね。

相手に合わせて気遣いをするとか、優しい声かけをするとか。

何といっても「愛」が一番。商いというのは、最後は仏の道なんです。

2月15日

仕事運

いい気になると、運気を下げるよ。

バブルのときも不況のときも、ずっといい運が続いているのが「強運」なんです。

業績が上がった、賞をもらった、出世した、一時的に運が上がっても、いい気になると運気は下がってしまいます。運気の流れから、落っこちてしまうんです。

いつも初心を忘れず、上に行けば行くほど、まわりを気遣う。強運になるためには、その姿勢を貫いていくことだよ。

2月16日

お金

お金のない人は「使うこと」を好み お金のある人は「稼ぐこと」を好む。

お金のない人は、もっと働けばいいのに、お金を使うことばかり考えるんだよね。

逆に、お金を持っている人は、お金を使うことを考えればいいのに、なぜか稼ぐことばかり考える。

お金がない人の中には「どうせ自分はダメだ」って思っている人が多いんだよ。他人と比べないで、「自分のまま」で幸せになることを考えてごらん。

そして、お金持ちになりたいなら、使うことより貯める。そして、何より稼ぐことを好きになることだよ。

2月17日

成功の法則

破壊を恐れず一歩を踏み出せ。

本当に実力のある人は、今あるものを破壊して、新しく基礎から作ることができるんです。

壊すべきものは壊し、そこから新たに創造していく人。そういう人が魅力があるんです。

今までとは違う仕事に挑戦するときや、新たな出発のときは、自分の基礎を見直し、変えていくことも必要だよ。

2月18日

仕事が終わったら、やってみてごらん

雪の降る季節。
雪見温泉なんていいね。
週末に小旅行に行くもよし、
スーパー温泉の露天風呂で
くつろぐもよし。
仕事の疲れが飛んでくよ。

2月19日

生き方

人生にはいろいろな宝物があるけど
その中で最高の宝物は
今日も元気で働けること。

人生の宝物ってたくさんあるんです。ダイヤモンドやルビーやサファイアがあるみたいにね。

「健康」もそう、「笑顔」もそう、「やさしさ」も宝物です。あなたが「健康」で「笑顔」で「やさしさ」を見せれば、みんなからは「あなた自身も宝物」のように思ってもらえるんです。

そしてね、一人さんにとっては「元気で働けること」が何よりの宝物。毎日ニコニコ、楽しんで働くことが、一番の幸せなの。

2月20日

商売の極意

見栄を張らず、
必要な場所にお金を使う
これが商売の極意。

見栄を張って、ムダな物にお金は使わない方がいいよ。
ただし、必要な物には惜しみなくお金を使う方がいい。
これがね、商売の極意というものなんです。

2月21日

お金

お金は自分の器量以上には持てないよ。

お金って、自分の持っている器量以上のものは持てないんだよね。だから、お金の価値がわからない人は、学ばなくちゃいけない。そういう人には、学ぶきっかけになるようなことが起こるの。大金がなくなったり、借金を背負ったり、相続ができなかったり、お金に関するマイナスな出来事が起こるんです。

でも、このことで、お金のことを学んでいく。乗り越えることで、器量も増えてくるんだよ。

2月22日

悩み解消

今、会社に行きたくないとしたら その原因は何なのか？ 一度冷静になって 探してみることです。

仕事に行きたくないなら、その原因を探ってみてください。冷静になって考えれば、自分ができる対処方法が見つかるはずです。

例えば、仕事が手いっぱいなのに、過剰に仕事を頼まれていたら「今はこれ以上仕事ができません」とちゃんと伝える。割り振りを考えてもらうとか。何かを変える努力をすることです。

でも、変えるといっても、人や会社は変わらないんです。変えるのは、あくまでもあなた自身。仕事に行き詰まったときこそ、自分を変える大きなチャンスなんです。

2月23日

働き方

ゲームにすると
おもしろくなって身につくよ。

あいさつとか、お礼とか、当たり前にすることができない人っているんだよ。当たり前のことができない場合、ゲームにしてごらん。ゲームにすると、おもしろくなって、身につくんだよ。

一日一回「ありがとう」と言われることをするとか、一〇〇回言っていたグチを一回減らすとか。いい行動を増やして、悪い行動を減らしていくんです。

完璧にやろうとするからできないの。ひとつでもできたら、スゴいんです。

2月24日

商売の極意

テレビコマーシャルをやめても売れる！

うちの会社（「銀座まるかん」）では、「スリムドカン」というサプリメントのテレビコマーシャルを放映していた時期がありました。でも、今はしていないんだ。理由はね、テレビで宣伝しようがしまいが、売り上げがほとんど変わらなかったからなんです。

欲しい人が多ければ、宣伝しなくても売れるものは売れるんです。いい物は、口コミで広がっていくもんなんだよ。

売り上げが変わらないなら、テレビで宣伝しても仕方ないし、経費もかかるしね。一人さんはね、この経費の分、税金を払った方がいいと思っちゃうタイプなんです。

2月25日

成功の法則

成功の極意は「自分だけは成功する」という思い込み。

成功のコツは、自分だけは成功すると思って行動することに尽きます。

「みんなはこうだから」とか、「一般的にはこうなるから」とか、他人の話を持ち出してはダメなことってあるんだよ。みんなと自分をいっしょにすると、できない人の方が多いから、自分もできないことになっちゃうんです。

だけど、自分だけは成功すると思うと、神様が味方してくれるの。神様が味方してくれれば、誰が助けてくれるより強いんです。

2月26日

上に立つ人へ

同じ言い方をしても伝わらないよ。角度を変えて言い方を変えて伝えるのが経営者の仕事なんだ。

一回注意しただけでは、簡単にできないことがある。二回言っても、三回言ってもできない。これは、どうしてなのか？

同じ言い方をしているからなのです。角度を変えて、言い方を変えて、伝えるのが上司や経営者の仕事。それをしないで、できない人のせいにしちゃいけない。注意している方の責任なんだよ。

一〇通りの言い方をしてみて、実際やってみせて、そのくらいの努力は必要だよ。

2月27日

生き方

すべての人に好かれるのは無理だよ。自分はそのままでいいし相手もそのままでいいの。

人って、他人から嫌われることをイヤがる。そして、好かれようと努力するよね。それは、もちろん悪いことではない。

ただし、自分を嫌っている人に好かれるためには、自分を変えるか、相手を変えるかしなきゃいけない。それって、お互い苦しいだけだよね。

大切なのは、「このままのこの人をどうやったら好きになれるか」と考えることなの。無理して自分を変えることはないんです。

2月28日

仕事の心

仕事を
富や名誉のためだけにやったら
つまらないよ。

「働く」の意味は、「はたが楽になる」ということ。仕事をするのは、「富や名誉」のためだけではない。自分やまわりの人が幸せになるためにするものなんです。

その結果として、富や名誉がついてくる。仕事を富や名誉のためだけにやったら、成功しても、つまらないんです。

2月29日

上に立つ人へ

トップが一番前に出て戦うんです。

将棋だと、王将を守るため、他の駒が動くよね。先頭に行くのは、弱い駒なの。

だけど、社会での実践はそうじゃない。トップが先頭に出て、戦うものなんです。すると、まわりはトップを死なせるワケにいかないから、助けに来るの。一番安全なところにいて、命令するだけのトップなんて、誰もついてこないんです。

人間には、「この人を助けたい」「この人についていきたい」という感情があるの。そういう気持ちを持たれるような魅力的なトップになることだよね。

3月
MARCH

3月1日

今月は
この口ぐせを

「みんなに感謝します」

感謝するって、大事なの。感謝の言葉を口にすればするほど、心が豊かになり、多くの人が味方をしてくれるんです。トイレを清掃してくれる人に「ありがとう」。物を買ったらお店の人に「ありがとう」。産み育ててくれた親にも「ありがとう」。ありがとうって、あったかい言葉だけど、「感謝します」って言うと、品があってカッコいいよ。

今月は「感謝します」って言葉を多くの人に言ってごらん。この言葉を言うとね、感謝したくなるような出来事がいっぱい起こるよ。

3月2日

働き方

大切なのは他の人がイヤだと思うことを押しつけないこと。

世の中の常識を押しつけちゃいけない。ましてや、他人がイヤだと思うことを無理にやらせたらダメだよ。

朝、起きられない人は、無理して早起きしなくてもいいの。自分しかできないことを考えればいい。朝起きなくてもすむよう、夜できる仕事を考えるとか、ね。

成功を目指すなら、自分を変えずに、自分に向いていることを探すべきだよ。

3月3日

経営

いい方法は惜しまず教え合う。一人さん流の「渡り鳥経営」。

渡り鳥の群れってV字で飛んでいるよね。長い距離を飛ぶために、先頭でリードする鳥が必要です。先頭の鳥は、疲れたら交代するようになっています。

私たちも同様に、先頭で引っ張る人がいる。一番成功した人が「このやり方がいいよ」と後ろの人に伝えていきます。

また、渡り鳥は一羽でもペースが落ちると、その鳥のペースに合わせます。置き去りにはしません。

自分が成功したら、他の人に教える。トップの人が疲れたら交代する。仲間で仲がいい。これが一人さん流の魅力のある経営です。

3月4日

プロ意識

仕事って歳を取らないし、死なないんだ。だから、ずっと惚れていられるんだよね。

自分がいなくなっても、仕事はなくならない。それに、仕事って新鮮なんだよね。

経営者が歳を取っても、仕事は老けないんだよ。常に最先端。毎日、生まれ変わるから、おもしろいんだ。

若くて、新鮮でおもしろい。それに果敢に挑戦できる。仕事って魅力的だろ？　だから、ずっと惚れ続けていられるんだ。

3月5日

成功の法則

勝負は本当はやる前に決まっているんです。戦っている人の顔を見るだけでわかります。

例えば、K—1を見るとしましょう。どちらが勝つか私は戦う前からわかっちゃう。

勝負が始まったら、両者の顔をじっと見るんです。よく見ていると、負けるほうは必ず悲しそうな顔をするの。ほんの一瞬、フッと悲しそうな顔をします。自信をなくしている瞬間なんです。

これは、K—1に限りません。例えば、就職試験でも、気落ちしている人は、試験官の前で、悲しそうな顔をしています。

戦うときは、不安を顔に出したら負けなんです。自信のある〝勝つ顔〟で臨むことだよ。

3月6日

仕事が終わったら、やってみてごらん

近くの神社へお参りに行くのもいいね。
「今日仕事がうまくいきました。
ありがとうございます」ってね。
一日が無事に終わったことを
神様に感謝することです。

3月7日

仕事の心

ライバルは外ではなく自分の中にいる。

一人さんの脳の中には味方がいる。だけどさ、敵も一人さんの脳の中にいるんだよね。

敵も味方も外にはいない、自分の脳の中にいるんだ。

ライバルがやっている店を見に行くより、自分の脳に「働け！」って言うんだよ。脳が働いていないのに、見に行ったってうまくいかない。

まずは、自分の脳を働かせることからだよ。

3月8日

働き方

自分のことをまず、しっかりやる。できない間は人のことに干渉しちゃダメだよ。

「あいつは手抜きしている」「あの人は雑談が多い」と人のことをとやかく言っても、現状はよくならないよ。人のことをかまっちゃダメなの。

自分がまず、しっかりやること。手抜きしないで、いい言葉をしゃべる。

自分がきちんとできているか、自分でチェックするんだよ。

3月9日

起業

大金持ちになりたいなら商人になるといいよ。商人は楽しいよ。

大金持ちになりたいなら、商人になるといいよ。努力次第で、いくらでも稼げるからね。商人は本当に、楽しいよ。

だけど、商人になるなら、あとのことも考えるんだよ。「商人はサラリーマンの三倍、苦労していいんだ」というつもりでやった方がいい。その心構えがあれば、頭も使うし、アイデアも出る。

サラリーマンのときより三倍努力して、サラリーマンと同じ収入になったら成功者。これが、商人の世界です。

3月10日

仕事の心

「圧」のある人って疲れにくいんです。まずは、「圧」を上げていくことだよ。

「圧」って、何だと思いますか？

「圧」は、人が元気でイキイキと生きること。そして、「圧」のある人とは、「やる気」や「気合い」がある人のこと。もう少し詳しく言うと、「成功に向かって押し出そうとする人」です。

圧のある人は、どんなに仕事をしても疲れない。そして、いいエネルギーを持っているから、成功しやすいんです。

さぁ、今日から「圧」を上げて、働こうよ。

3月11日

東日本大震災発生の日に贈る言葉

人はどんな困難も
乗り越えられる。
そして、明るい未来が
待っている。

3月12日

人間関係

今日会った人に「この人の役に立つことって何だろう」って考えてみな。そして、実行してみることだよ。

一人さんは、人と出会った以上、何かご縁があると思っています。神様が私に会わせるようにしているんです。

だから、「この人に自分ができることは何だろう」って考えて、それを実行するんです。特定の人だけじゃないよ。みんなにやっているんです。

もし、一人さんが会社員で、まわりに困っている人がいたら「忙しそうだね。手伝うよ」と言うと思います。

目の前の人をラクにすることで、運は開けていくんです。

3月13日

成功の法則

すべての成功とは期待以上。

世の中の仕事の成果には三つのパターンしかありません。

期待通りは、普通です。

期待以下は、消えていくしかない。

期待以上で、はじめてプロなのです。

期待以上って、相手をどれだけ喜ばせるか、相手をどれだけ感動させられるかなんです。これに尽きるんです。

3月14日

商売の極意

自分のところの経営を数字に置き換える。

腕の悪い商人ほど、数字に置き換えないんです。経営を数字に置き換えれば、ひと目で経営状態がわかるんですよ。経理だけでなく、経営的戦略とか、営業成績とか、顧客対応の数とか、何から何まで、数字に置き換える。すると、どこが悪いかわかるんです。

数字ってね、冷静で感情が入らないの。だから、感情に流されそうになったときは、数字に置き換える。こうしていくと、経営破たんにはならないよ。

3月15日

仕事の心

お給料をくれる職場ですら「奉仕のつもり」で働くんだよ。

「奉仕」って言っても、ボランティア（無料）ではないんだよ。

「奉仕」というのは、「どうせ働くんなら、楽しく働こう」とか、「上司に頼まれたから、大きな声で返事をしよう」とか、「職場に行ったら、笑顔で一日過ごそう」とか、そういうことなんだよね。まわりが明るくなったり、楽しくなったりすることを率先してやること。

何より仕事が優先だよ。仕事をしてお金をもらっているから、プライベートではボランティアで無料奉仕もできるんです。

3月16日

3月の詩

知っていますか
春に咲くきゅうり草の花を
だれもきづかない程
小さな花ですが
せいいっぱい大自然に
感謝して花を咲かせています

3月17日

一人さんも共感!

この人のココが活かせるよ

吉田松陰さん

松陰さんが私塾をやっていたとき、貧しい農民の子でも、下級武士の子でも差別なく受け入れた。そして、全員に「君ならできる!」という思いで、育てた。その結果、幕末で活躍する多くの弟子を輩出します。弟子の可能性を信じる気持ち、これは私の考えと共通するものがあります。

[PROFILE] **吉田松陰**
日本の武士、思想家、教育者。山鹿流兵学師範。明治維新の精神的指導者として知られる。私塾「松下村塾」で、後の明治維新で重要な働きをする多くの若者に思想的影響を与えた。

3月18日

一人さんの未来予想図

肉体労働は機械がやってくれるの。だから、いずれ週休五日になるよ。

ＡＩ（人工知能）が進化して、肉体労働の仕事は少なくなってくる。頭脳労働者は、働き過ぎるといいアイデアが生まれないんです。だからさ、これからは、週休三日にも、四日にもなって、休みが多くなる。

いずれは、週休五日になるときも来るよ。信じられない、本当の話。

3月19日

一人さんの美学

日本人らしい仕事のスタイルは
損得じゃない。
やりがいなんだよね。

日本人って、やりがいを大事にするんだよ。震災があったら、損得なしに壊れた橋を直したりするよね。一刻も早く、人を助けたいという気持ちがあるの。

江戸時代、外国人が日本に来てびっくりしたのが、どんな貧乏人でも絵皿の食器を使っていたことだそう。絵皿って、外国では貴族しか使わなかったの。日本には、すごい安い値段で、絵をかいている職人がいたんだよ。この職人たちは、人様の役に立ちたいって、思いがあった。

こういう感覚って、日本ならではなんだよ。日本人は、やりがいのある仕事を求める傾向があるんです。

3月20日

舛岡はなゑの詩

人は愛と光
曼荼羅《まんだら》は無限の宇宙
成功はやすらぎ
人生は波動

「一人さんと出会った頃にいただいた詩です。『人の心は愛と光でできている。そして、人の心は無限大の宇宙のように広い。成功したから安らぐのではなく、安らいでいるから成功が生まれる。人は、その人の出している波動ですべてを生み出すんだ』という意味です」（舛岡はなゑ談）

3月21日

人間関係

仕事の成功だけじゃつまらない。仲間って大事だよ。

仕事だけうまくいっても、ひとりでお金数えているようじゃ幸せにはなれない。

いい仲間って必要なんです。ともに仕事をよくするため話し合う仲間がね。

ただ仕事の付き合いだけじゃなくて、好きでいっしょにいたいと思うのが本当の仲間だよ。

3月22日

上に立つ人へ

上に立つものはあいまいな言葉づかいに気をつけることだよ。

「行けたら行くよ」というようなあいまいな言葉は、友人なら使ってもいいでしょうが、上司が部下に言ってはいけません。あいまいな指示をされると、下の人が混乱するからね。

「話があるから夕方、時間ある？」っていう言い方もダメ。

「いい話があるから」と付け加えないと、部下は夕方まで不安な気持ちで上司を待たなければならないからです。

上に立つものは、一〇〇〇人に伝えてもひとりも間違わずにわかるように、指示すること。これができると、部下から信頼されるようになります。

3月23日

起業

一万円を増やすアイデアがないなら商売はしないことだよ。

起業したいと思うなら、一万円をどう増やすか、実際やってみることだね。材料を買って焼きそばを売る、得意な絵を公民館で教える、ミシンを使って洋服をリメイクする……自分の特技を活かし、いろんな方法があるはずです。

知恵を出して、一万円を二万円、そして三万円と段階を踏んで増やしていく。ひとつひとつ積み重ねて、段階を踏むと、金額にふさわしい知恵が湧いてくるものなのです。

まず、一万円を活かせるか試してみること。それができなければ、商売はしない方がいいよ。

3月24日

悩み解決

問題にぶつかったら
まわりの人に相談すれば、
いい答えを持ってきてくれる。

問題を自分ひとりで解決しようとしないことだ。能力の範囲でしか知恵が出ないから。問題が起きたら、どんどんまわりに相談してみることだよ。逆に相談されたらどんどんアイデアを出してあげること。

問題を解決しようと考えていると、外の世界からその答えが引き寄せられてくるんです。これを「牽引の法則」と言うんだ。どうしても思いつかない答えも、アイデアを持った人が向こうからやってきて、問題を解決してくれるんです。

3月25日

仕事の心

大きな仕事に行くときは「自信のある顔」をするんだよ。

自分のやり方でいいのか、不安に思ったり迷ったり、そんな態度が仕事にも出てしまうことがある。

でもね、仕事をするときは、こうした不安を顔に出してはダメだよ。特に、大事な商談や大事なプレゼンのときはね。自信がなくてもいいの。自信のある顔で、堂々とすることです。

自信のある態度を取ることは、相手に対するサービスであり、思いやりなんです。

3月26日

成功の法則

成功した社長から「成功の波動」を浴びることだよ。

成功した人は、程度の差こそあれ、「成功の波動」というものを持っています。

磁石でいう磁力だね。成功の波動の強い人のそばにいると、自分の波動も強くなってくるんです。

だからね、うまくいってる会社の社長がいたら、近づいてみることだよ。ただそばで波動を浴びるだけでいいの。仕事運を上げる絶大なパワーになるはずだよ。

3月27日

悩み解決

「一〇〇%自分の責任」って言ってごらん。覚悟ができるから。

うまくいかないとき、「一〇〇%、自分の責任」って、心の中で唱える。すると、奇跡的に状況を好転できるから。

自分を責めるのではないよ。ただね、「もう、どうしようもない」と思っていたことが、「一〇〇%、自分の責任」と唱えると、信じられない素晴らしい知恵が湧いてくるんです。本当だよ。

3月28日

仕事の心

モテたいなら仕事に熱中することだよ。

仕事のできる男は、カッコいいの。イキイキして、魅力的なんです。モテない男は、仕事も中途半端なんだよ。だから、モテたいなら、仕事に熱中することだよ。いい仕事をしていれば、女性はそれを見逃さないよ。

女性に積極的になるより先に、まずは仕事に積極的になろうよ。

仕事で自信を得た男は、間違いなくモテるんです。

3月29日

働き方

威張るって心が満たされてないの。自分で自分をほめることだよ。

上司でも、先生でも、威張ってる人って、いつでもイライラして不機嫌なんです。

自分よりも弱い人に威張ることで、その人からエネルギーを奪って、自分の満たされない心を埋めようとしてるんだね。

威張ってばかりの人は、自分で自分をほめればいいの。今日、自分がやったことを何でもいいからほめればいいんです。

「今日のプレゼン、うまくいったな」とか、「満員電車にゆられて会社に行くなんて、えらい」とかね。

さぁ、今日はどんな言葉で自分をほめようかな?

3月30日

幸福

運をつかむためには毎日使う言葉が大事なんです。今日から「天国言葉」を使ってごらん。

いい言葉を使っていると、仕事運、金運、すべての運が上がってきます。「天国言葉」を話すと、また話したくなるような、いいことが次々起こるんです。

とっておきの「天国言葉」をお教えします。毎日、たくさん使うことだよ。自分のため、人のためにね。

【天国言葉】「愛してます」「ついてる」「うれしい」「楽しい」「感謝してます」「しあわせ」「ありがとう」「ゆるします」

3月31日

悩み解決

私は自分を信じています。
信じているから
どんな問題でも乗り越えられる。

神様は乗り越えられない問題を出したりしません。

だから大丈夫。安心して、ゆっくりと乗り越える方法を考えてください。

すぐに考えが出なかったら、ほっとけばいいの。そのうち、時間が解決してくれるから。つまり、解決できない問題なんてどこにもないんです。

4月

APRIL

4月1日

今月は
この口ぐせを

「何があっても大丈夫」

一人さんは人に何か相談されると、「このままで大丈夫だよ」って言うくせがあります。その人についている神様を感じるからなのです。

この世で一番不幸なことは、自分のことを「大丈夫」と思えないこと。

そして、その人に「大丈夫だよ」と言ってくれる人がいないことなのです。

人間は等しく「大丈夫」なようにつくられています。だからね、イヤな出来事も「大丈夫」、次の困難も「大丈夫」。自分にも、悩んでいる人にも、この言葉をかけてあげてください。

4月2日

悩み解決

覚悟を決めると見える風景まで変わってくる。

覚悟には、人をシャキッとさせる力があります。覚悟を決めるだけで、エネルギーが湧いてくる。そして、見える風景まで変わってくるんです。

覚悟を決めて行動すると、自分が進むべき道も見えてくる。今の仕事がつらい、転職したいという悩みがあるなら、「まずは、今の仕事をがんばろう」って覚悟してごらん。気持ちがリセットされて、新たな気持ちで仕事に取り組めるはず。その結果、社内で高く評価されたり、逆に転職先が見つかったり、進むべき道が明確になってくるんです。

4月3日

商売の極意

「暇な波動」がお客さんを遠ざけてしまう。

人間には、他の人の出している波動を感知する能力がある。そして、同じ波動だと、引かれ合う性質をもっているんです。だからね、ステキな波動をもっている人には、ステキな波動の人が寄ってくるの。逆に、イヤな人にはイヤな人が近づいてくるんです。

商売をしている場合、注意したいのは、「暇な波動」。店の中で暇そうにしていると、お客さんは寄ってこないよ。逆に「忙しい波動」を出していると、どんどんお客さんが集まってくる。常に、「忙しい波動」を出しておくことだよ。

4月4日

生き方

赤ちゃんみたいな小さな歩みでも進めばいい。

人間、行動するときは、赤ちゃんと同じようなところがあるんです。最初は寝てるだけでしょ。それが、はいはいして、よちよち歩きになって。歩くようになり、走って遠くへ行けるようにもなる。

劇的に先に行くことは、ほとんどないんです。もし、劇的に先へ行ってても、劇的に戻っちゃうことも多い。

赤ちゃんの歩みみたいに、進めばいいんです。少しずつ、少しずつね。それだって、進んでいるんだから。大丈夫なんです。

4月5日

成功の法則

仕事の成功とは
あなたがどのくらい
社会の役に立ったかなんだよ。

仕事を成功させたいなら、社会のお役に立つことをすればいいの。

事業家は、お金を儲けて雇用をつくったり、税金を払ったりすることが社会の役に立つことなの。だけど、事業家じゃなくても、サラリーマンだろうが、清掃員だろうが、専業主婦だろうが、その仕事を通じて社会のお役に立っているんだよね。

要は、仕事には貴賤《きせん》はないんです。どれひとつ取ってもムダな仕事はないの。仕事と名がつくものは、全部貴いんです。

だからさ、自分の仕事に誇りを持つことだよ。

4月6日

一人さんの未来予想図

人の一〇〇〇倍働く人間と働かない人間が出てくる。でも、国が保証してくれる時代になるから困らない。

これからはね、働き者はうんと働く、働くのが嫌いな人は働かなくていい時代になるよ。信じてもらえないかもしれないけどね。

でも、心配いらない。大丈夫だよ。物を作ったら、買う人がいなくちゃ成り立たないから、働かない人は、国が保証してくれるようになる。

もう少し先の話だけどね。

4月7日

4月の詩

桜の花は愛のことば
春風に運ばれて
あなたのもとに届きます
ひとひら　また　ひとひら

4月8日

仕事が終わったら、やってみてごらん

桜の季節。
仲間とお花見に行くと楽しいよね。
美しく咲く花々を愛でてあげてください。
明日からの仕事もうまくいくよ。

4月9日

幸福

人が嫌がる中にも「福」は隠れている。

今日は四月九日です。世間では「四」と「九」という数字を縁起が悪いと言って、嫌う人が多いよね。死（四）と苦（九）を連想するからかもしれません。でも、私は「四」と「九」が大好きです。いろんなところに、このふたつの数字を使います。会社の大事なイベントをするのも、四月九日か、九月四日に行うようにしています。

人が嫌がるこの数字ですが、よく考えてごらん。四と九が合わされば『四九（よく）』なるのです。実は、素晴らしい数字なんだよね。

みんなが嫌うものにも、実は「福」が隠れているかもしれない。だから、見逃してはいけないんです。いろんなチャンスを秘めているからね。

4月10日

働き方

「押し出し」のある格好をしないといい仕事はできない。

「押し出しのある格好をする」ことは、仕事上、必要なことなんです。「押し出し」とは、見栄やハッタリとは違うよ。品がよくて、高級感があって、パリッとした格好をしていることです。こういう格好をして仕事をするのは、自分のためであり、相手への礼儀でもあるのです。

こんな人といっしょに仕事がしたい、この人から商品を買いたいと思われるような格好をすることだよ。

今日のあなたの格好、大丈夫かな？

4月11日

仕事の心

仕事に、いいも悪いもない。仕事は全部、「いい仕事」。いい仕事にするかしないかはあなた次第です。

よく口ぐせのように「いい仕事ありませんか？」って言ってくる人、いるよね。世の中、いい仕事も悪い仕事もないんです。いい仕事にするか、悪い仕事にするかは本人次第なんです。

懸命に仕事をしても、うまくいかない場合、「あなたのやり方は間違っているんだよ」と神様が教えてくださっているんです。

当たるやり方に変えればいいの。それでもダメなら、また改良するの。仕事に外れなんかない。素直に正していけば、当たるようになっているんです。

4月12日

商売の極意

商人には、商人としての教育がある。これを身につけなければ成り立たないんです。この教育を忘れると三代目でつぶれちゃうんだよ。

商売は三代目でつぶれるってよく言われる。つぶれるわけではないけど、「注意しなさい」って話なんだ。

一代目は、とにかくがむしゃらに働くんです。表を掃除したり、愛想よくあいさつしたりね。商売の基本中の基本です。二代目は、それを見て育っているから、多少やり方が分かる。ところが、エリート教育されたお坊ちゃんの三代目は、商売の基本をわかっていないことが多い。それで、つぶれちゃう。

売る側の人間が感じいい人かどうかが重要。それを忘れないことだよ。

4月13日

起業

起業するってスゴく大変ですよ。それを聞いて、ワクワクするような人は起業家向きです。

「会社を辞めて起業したい」って相談を受けることがある。最初に言っておくけど、起業するってスゴく大変だよ。その人ができるか、できないか判断する人なんて誰もいないんだよ。

「勤めているときの一〇倍働いて、最初は収入が一〇分の一。それぐらいの覚悟が必要だよ」。そう言われて、血沸き肉躍るような人は起業家向きです。尻込みするようだったら、やめた方がいい。

4月14日

神様

みんなの心の中に御柱を立てようよ。

一人さんの言う「御柱」とは、神が下りてくるような心の柱、つまり使命感のこと。

例えば、皿洗いが仕事だとする。この仕事がつまらないと思って皿を洗っていると雑になっちゃうよね。ただ、これが自分の子どもに使うお皿ならどうだろう？　丁寧に洗うよね。

自分のやっている仕事に使命感を持って、人に喜んでもらえるよう、努力する。そうすれば、心の中に御柱が立って、いい仕事ができるんです。

4月15日

一人さんの美学

人ができないことをさらっとやるのが一人さん流。

仕事って一番難しいゲームだから、やりがいがあるんだよ。一人さんはね、さらっとすずやかに勝ちたいの。

努力とか、苦労とかしないで。

ただただ、楽しくて、ワクワクできれば成功できるんだよ。

4月16日

しばちゃんの詩

くるしいときも
凛と咲け
きくの花

新小岩にある「一人さんのファンが集まる店」に、仕事が休みのときは手伝いに来てくれる、しばちゃん。幼い頃から苦労し、大人の男の人が信じられなかったという彼が、私や仲間と出会い、段々と成長していきました。困難を乗り越えて、いい笑顔を見せるように。そんな、しばちゃんへプレゼントした詩です。

4月17日

プロ意識

「イヤな部分がお給料なんだ」そう考えると、覚悟ができるよ。

例えば、あなたがセールスマンだとするよね。営業したお客さんが全員買ってくれるなら、あなたは必要ないんです。買うことを断る客が多いからこそ、あなたの仕事が成り立つんです。

断られてイヤな部分がお給料なんだよね。だからイヤな部分が多いものほどお給料が高いと考えたほうがいい。

何をやるのも覚悟は必要だよ。「イヤになっちゃう部分こそがお給料なんだ」って思うことが、プロの生き方です。

4月18日

悩み解決

仕事をゲームにしてごらん。工夫次第で楽しくできるよ。

「仕事がつらい」と思ってしまうと、すべてがつらくなる。とにかく仕事をゲームと思って、楽しんじゃうんだよ。

客商売なら、「ありがとうございます」のあと、お客様がどんな返事をするか、メモしてみる。「ありがとう」なら一点、「おいしかったよ」のひと言が加わったなら、二点とかね。ゲームと思うと、熱が入るでしょ？

すべては、工夫次第。ゲームをしながらお金をもらえると思えば、毎日が楽しくなるよ。

4月19日

仕事の心

波動って大事なんです。景気のいい波動はさらに景気のいい波動を生みます。

元気いっぱいの従業員がいる職場には、元気な波動が流れます。波動は倍増して、どんどんその場は盛り上がる。そして、みんなが忙しそうにしていると、それにつられるように仕事も増えていくんです。

お店の場合も同じです。笑顔の店員さんがいると、お客さんが増えて、いい波動が広がり、人を呼び行列ができる。

こうした波動は、たったひとりの従業員の笑顔から始まるんです。今日から、あなたがそのひとりになってみませんか?

4月20日

商売の極意

人に好かれない物
人から好まれないサービスは
商売にならない。

ネコが喜ぶ、世界一の餌を開発したとして、それを買うのはネコじゃない。だって、ネコは、その商品を知ることも、選ぶことも、買うこともできないから。買うのはネコを飼っている人なんです。

人から好かれない物、人から好まれないサービスは、商売にならない。人が関わらない限りどんな物だって売ることはできないの。だから「人間通」になるしかないんだよね。

4月21日

仕事の心

あなたが仕事を選ぶんじゃない。仕事があなたを選んでいるんです。

今、あなたがやっている仕事は、自分で選んだと思っているでしょ？

実は、仕事があなたを選んで、あなたにその仕事をさせているのです。

転職するのは、違った仕事があたなを呼んでいるから。それは、あなたに必要だと思われる仕事なんです。

仕事に感謝して、きちんとこなしていけば、ツキが回るようになっているんです。

4月22日

人間関係

イヤな上司は「滝」だと思うこと。滝に打たれて修行をしていると思うとありがたく感じるものだよ。

精神修行のため滝に打たれる人っているでしょ？　会社にその滝があると思うと気がラクになるよ。

滝に部長の名前をつけて、打たれに行くんです。「今日は○○部長の滝だ。ちょっと手ごわいな」ってね。ひどく怒鳴られたら、心の中で「修行になります。ありがとうございました」ってつぶやくの。部長の小言も給料のうちって思うと、修行もつらくなくなるよ。

4月23日

一人さんの仁義

たった一度の人生を
世間の顔色うかがって
やりたいこともやらないで
死んでいく身の口惜《くちお》しさ
どうせもらった命なら
ひと花咲かせて散っていく
桜の花のいさぎよさ
一度散っても翌年に
みごとに咲いて満開の
花の命の素晴らしさ
ひと花どころか百花《ひゃくはな》も
咲いて咲いて咲きまくる
上で見ている神さまよ
わたしのみごとな生きざまを
すみからすみまでごらんあれ

4月24日

成功の法則

最短で成功するには「黄金のワンパターン」を見つけることだ。

短い期間に成功するには、パターンがある。それを今日は教えてあげよう。まずね、「人が喜ばれること」をひとつ見つけて、それを徹底的にやる。そして、何度もやっていくうちにパターンが確立する。この「黄金のパターン」を見出せれば、最短で成功できるんです。

例えば、水戸黄門のドラマ。問題が起きて、戦って、最後には印籠を出して解決するっていう黄金のパターンがあるよね。これをバージョンを変えて出していけば、人気は続くワケだ。

仕事がうまくいったということは、成功する要素が詰まっているということ。当たっているうちは、パターンを変えずに、やり続けてごらん。

4月25日

仕事の心

大物になれる人間って
どんな地位にいても
自分が経営者のつもりで働いている。

秀吉は、信長に対して、「主人とは、わがままを言うものなんだ。それに応えるのはオレの仕事なんだ」と考えて、仕事をしていたそうです。

そこまで積極的な人は、どんな仕事をしても疲れないんだよ。こういう人間は、稀にしか現れないんだけどね。こういう人は出世するよ。大物になれるんです。

ただね、ほとんどの人はそうなれない。大物になるつもりがなかったら、力を抜いて六割くらいで仕事をすること。それも悪くないよ。

4月26日

上に立つ人へ

上司は部下に直してほしいならアドバイスするだけでいいの。怒る必要ないんだよ。

部下がふがいないとき、上司は注意しなくてはならないときがあります。このとき、絶対感情的にならないこと。怒鳴ったり、わめいたりしても、ムダですよ。

何か気になることがあったら、「こうやったらもっと効率的だよ」「今の対応は、こうすればよくなるね」とアドバイスだけを伝えればいいのです。大切なのは、冷静に修正点だけを教えること。「教えてもらえて、よかった」と思われるようにするんです。こういう上司は好かれるんです。

4月27日

成功の法則

自分がうまくいくんじゃないかと思うことを全部やってみることだよ。

自分がいいなと思う仕事のアイデアは、全部やってみることだよ。ただし、一回やってうまくいかないことを、二度とやったらダメだよ。うまくいかなかったことは、改良する。そして、また改良していく。五〜六回は覚悟して改良していく。そうすれば、うまい方法がわかります。改良するために、失敗するんです。改良を重ねて、やっとヒットが飛ばせる。そして、次に何かをするときは、改良の回数が減ってくるの。短い時間でヒットが出るんです。

改良するクセをつけておくこと。そうすれば、どんな仕事をしたって、大丈夫。うまくいくんです。

4月28日

仕事の心

みんな
ただガンバルだけではだめですよ。
楽しくガンバった人だけが不況に
勝ち残る人ですよ。
笑って、笑って。

ガンバリすぎちゃいけないよ。ガンコを引っ張ると、ガンバルになるの。
それでは、いい結果は生まれません。
必死でガンバルと、死んじゃうよ。楽しくいこうよ。楽しく仕事をする
人だけが不況に勝つんです。まずは、笑って！　笑って！

4月29日

出世

昇進したということは神様が「今以上に、働きなさい」と言っているのです。

あなたが部長になったら、神様は「部の中で一番働きなさい」って言っている。社長になったら、「会社の中で一番働きなさい」って言っているの。だから、昇進したら、文句を言わず、ひたすら働くことです。

この昇進は、あなたの実力じゃないよ。神様があなたを持ち上げてくれているだけ。だから、それに見合う人間になるよう、努力しなくちゃいけないんです。

4月30日

成功の法則

世間の見る目を気にしないと成功はない。

世間の見る目を軽んじていれば、成功から外れてしまうんだよ。

「世間の見る目ばかり気にするな」って言う人がいるけど、気にするんじゃないんだよ。魚を釣るためには、魚の習性を知ることが大事でしょ？

商売するには、お客さんの目を気にしなきゃ、物は売れないんだよ。

決めるのは、世間の目。世間の目をこっちに向けるため努力は必要なんです。

5月

MAY

5月1日

今月はこの口ぐせを

「未来はだんだんよくなるよ」

まだ来ていない未来に不安を抱いて生きる必要はない。イヤな出来事が続いていると感じていても、実は歴史も人生もだんだんよくなっているんだよ。

江戸時代は、エアコンもなかった。その時代に戻りたくないだろ？　今、悪い時代に見えるかもしれないけど、情報も科学も発展している。暮らしやすくなっているんです。

何か不安を持っている人がいたら、「未来はだんだんよくなるよ」って、言ってあげてください。この言葉を口ぐせにすれば、本当にいい未来がやってくるからね。

5月2日

商売の極意

儲からない会社には三つのムダがある。

つぶれるような会社には、三つのムダがあります。

それは、「倉庫に積まれた在庫の山」「遊んでいる社員」「広々した場所」です。

経営者は、この三つのムダを常にチェックすること。これを怠らなければ、会社をつぶすことはないんです。

お客さんは暇なところから商品を買いたいとは思わないの。忙しく、活気にあふれた場所から、いい物を買いたいんです。

5月3日

仕事の心

仕事って勉強と違うから答えなんてないんだよ。

仕事は、この先どうなるかがわからない。毎日生まれ変わる新しいものだから、誰も全部はわからないんだよ。

だからって、難しいものではないんだよ。新しいものに果敢に挑戦していくと、楽しくなっちゃうの。新しいものに答えなんてないしね。

「おもしろいな」って言って、仕事に向かってみな。絶対、うまくいくから。

5月4日

働き方

変化を受け入れて「ゼロ」から始める。柔軟さを持つことだ。

サラリーマンなら、意に沿わない人事異動はあるもの。さらに左遷を言い渡されることもあるはずです。左遷されれば、思い悩むのが普通です。でも、仕事での変化のとき、どうするかで魂のステージは変わってきます。大切なのは、自分を「ゼロ」に持っていくこと。

左遷されたら「今日、この会社に入ったんだ」という気持ちで、ゼロから始める。会社の方針が変わったら、「新しい会社になったんだ」と思い、気持ちを切り替える。

早くスタート地点について、走り出せば、それだけ早くみんなより先に行くことができる。過去を引きずるより、未来に生きる方が得なんです。

5月5日

商売の極意

お金を出さずに改善することを考えてごらん。一〇〇でも二〇〇でもアイデアを出すの。

お客さんを増やしたい、業績を伸ばしたい、そう思うなら、まずお金をかけずに改善することを考えるの。

一円も出さずに改善できること。それは自分が魅力的な人間になることなんです。

笑顔で話すこと、悩みの相談に乗ること、店内を隈なく掃除すること……今までしていなかったことをやってみてください。

一〇〇でも二〇〇でも、考えればあるはず。まずは、それを実行に移してごらん。今日からだよ。

5月6日

一人さんのお弟子さんたちが好きな詩

あなたが高きにいるときも
わたしはそこにいます
あなたが低きにいるときも
わたしはそこにいます
あなたが苦しいときも
わたしはそこにいます
あなたが楽しいときも
わたしはそこにいます
あなたの心の中に
わたしはいつもいっしょにいます

5月7日

成功の法則

結局、人生は出したものが返ってくる。だから、感謝している人にはまた感謝をいっぱいしたくなるようなよいことが起こるのです。

他人からパワーをもらいたいときは、相手に握手を求めて「パワーをください」と言うのは間違いです。握手したとき「私のパワーをもらってください」と言うのが正解です。こう言うと、相手にパワーが伝わると同時に、自分にもパワーが流れるんです。

ただ「ください、ください」と言ってもダメなんです。自分も何かを出さなくては、手に入れることはできないのです。

だから、感謝の気持ちを言葉にして出してみてごらん。すると、感謝したくなるようなことが次々起こってくるから。

5月8日

商売の極意

これからの時代は「当たり前以上」じゃないと成功できない。

社長が「社員以上に働くのは当たり前」、社員が「お給料以上の働きをするのは当たり前」。みんながこうして「当たり前以上」をやっていれば、不況になっても、大丈夫なんだよ。

与えられるものは、さらに与えられ、与えられないものは、さらに奪われる。これを忘れちゃいけないよ。

5月9日

商売の極意

「損して得取れ」っていうけど本当に損したら会社や店はつぶれちゃうよ。

みんな「損して得取れ」の意味をはき違えています。

たとえ損をしても、お客さんを集めればいいんだという意味ではないよ。

だって、商人が損をしていたら、お店はつぶれちゃうからね。

店先で、知り合いに会ったら、笑顔で「娘は元気にしてる？」って、声をかける。声をかけるくらいならお金はかからないでしょ。店に来てくれたら、麦茶でも差し出す。そんなにお金かからないよね。それを黙々とやり続けるの。これこそ、損して得取れなんです。

5月10日

成功の法則

仕事で成功したいなら
成功者の話を聞けばいい。
苦労話はあまり参考にならないよ。

仕事を成功させたいなら、成功者の話を聞くことだよ。その分野の成功者だよ。もし、近くにいなかったら、成功した人の本を読むといい。成功を引き寄せる、いろんな方法が書かれているからね。

時代は違うって言うけど、時代は違っても、仕事の方法は同じだよ。どんな時代でも、成功者の意見は貴重だよ。

5月11日

仕事の心

商売は全力で戦う最高の格闘技。

商売ってさ、なんてったって楽しい。だって、法律さえ守れば、何でもありだから。夜討ち、朝駆け、二四時間営業、ライバル店のそばに店を出す、大きな声で売り込みする……成功できるなら、あの手この手を考えて全力で戦う。戦う方法はいくらでもあるんです。

商売は、まさに最高の格闘技。ワクワクできて、エキサイトできる。だから、やめられないんだよね。

5月12日

一人さんの美学

何か問題が起こったら楽しみながら解決していくんです。

私はいつも幸せなんです。みんなにこう言っていると、「一人さんってイヤなことはないんですか？」って聞かれる。

イヤなことなんて山ほどあります。商売していると、支店のもめごとなどが私のところへ全部持ち込まれる。そのもめごとを、片っ端から片づけていくの。何か起こったら、楽しみながら解決するんです。

イヤなことをイヤととらえず、「いい修行になった」「またひとつ魂が上に行けた」と思う。何が起きても幸せの方向へ持っていく。これが一人さんの意志なんです。幸せになるには、この意志が必要なんです。

5月13日

一人さんの詩

―母さんの詩―

うるさい母さん
こまかい母さん
年をとると
みんな、なつかしい

5月14日

成功の法則

稼ぐ人って にじみ出る波動が違うんです。 どんな人が稼げる人なのか 研究してごらん。

お金を稼ぐ人のこと、よく見てごらん。そして研究してみるんです。どういう顔をしているのか、どういう服装をしているか。仕事の口ぐせ、好きな本とか、尊敬する人とかね。そして、あなたの理想とする人に近づいてみることです。

まずは行動することですよ。

5月15日

働き方

食えるようになったら楽しさ優先で仕事する。

独立して食えないようなら、一生懸命やるしかない。私は、食えない時期の人には「楽しくがんばれ、がんばれ」って言う。「少しくらいイヤなことがあっても楽しくがんばるんだよ」ってね。

そして、食えるようになったら、もっと楽しさが優先。好きな仲間と働く。仲間を大事にする。恩を忘れない。人を大切にしながら、楽しさ優先で仕事をするの。

だから、毎日、仕事が楽しいんだよ。

5月16日

一人さんの未来予想図

短時間で集中した方が仕事はうまくいく。

頭脳労働は時間と比例しないんです。長くやったから生産性が高くなるワケではないの。

昔は日本だって週休一日だったでしょ？　でも、週休二日になった今の方が生産性は高くなっている。これからは、短い時間でどれだけ生産性を上げられるかを考える時代。

今、過渡期だから不安になる人もいるだろうけど、大丈夫だよ。世の中、どんどんよくなるから。いい時代が来るって、楽しみにすることだよ。

5月17日

人間関係

ほめるときは、ほめるだけでいい。余計なひと言は、入れないことだよ。

人はほめられると、やる気が出るものなんです。ところが、日本人ははめるのが下手なの。

例えば、商品を五個しか売ったことがない人が七個売ったら、「おめでとう。がんばったね。スゴイよね」って、ほめてあげればいいんです。なのに、「あの人は五〇個売っているから、そこを目指してがんばるんだよ」なんて言うと、どっとやる気がなくなる。他人と比べても仕方ないんです。

ほめるときは、余計なことは言わない。素直にほめて、いっしょに喜んであげることです。

5月18日

幸福

文句を言うなら、仕事を辞める。辞めないなら、文句は言わない。

あなたが入ったその会社、あなたがやっているその仕事は、自分でいいと思って決めたものですよね。誰かに首根っこつかまれて、放り込まれて、仕方なく入った会社ではないはず。

「この仕事をやれ！」と拳銃で脅されたワケでもない。つまり、自分で決めて自分で選んだ会社なんです。すべて自分の責任だと思っていい。だからこそ「仕事がもうイヤだ」と思ったときは、いつだって辞めてもいいのです。ただし、辞めないなら文句は言わないこと。

不平不満を言っていると、自分に返ってきちゃうよ。マイナスな波動を出しながら、幸せをつかむことはできないんです。

5月19日

今日、仕事に行きたくない人にひと言

体の底からやる気が出る日だよ。

今日はね、会社へ行くと、やる気が出るよ。
店頭に立って、お客さんの前に出ると、やる気が出るよ。
パソコンの前に座って、キーボードを打ち始めると、やる気が出るよ。
それも、体の底からね。
大丈夫だよ。君ならできる。一人さんが言うのだから間違いない。

5月20日

5月の詩

私はいつも小さな
幸せをかぞえます
一つかぞえると
一つ花が咲きます
二つかぞえると
二つ花が咲きます
たちまち私の心はいちめんの
お花畑に変わります

5月21日

一人さんも共感!

この人のココが活かせるよ

諸葛孔明さん

『三国志』が好きな私にとって、すべての能力を持ち合わせた諸葛孔明さんは、架空のライバルだった。孔明さんをやっつけるため、いろんな本を読んで勉強したんだ。

彼の最大の長所は、無欲だったこと。だけど、一番の弱みも無欲なこと。まじめすぎるんだよね。

だから、おもしろさでは私の勝ちだと思っているの（笑）。

[PROFILE] **諸葛孔明**

中国後漢末期から三国時代の蜀漢の政治家・軍師。天才軍師としてだけではなく、時代の先を見通す先見性、国を取り仕切る政治力、兵器を開発する創造力にも優れていた。

5月22日

成功の法則

評価されないと感じたら声を大きくすることです。大きな声であいさつしてみるといい。

出世した人を見てごらん。たいていの人は声が大きいんです。返事もあいさつもハッキリ元気がいい。

逆に、声の小さい人は、自信がないように見えるよね。学校でいじめられるような子も、なぜか声が小さい。

自分が評価されていない、認められていない、と感じていたら、大きな声で話すことだよ。特にあいさつは明るくね。

5月23日

仕事の心

仕事は六割の力でやるんだよ。一〇割でやったものには、悲壮感が出ちゃうから。

仕事は一〇〇%全力でやっちゃいけないの。今は六割で充分。余力を残して、楽しんでやる方が成功するんです。

一〇割で作る物は、苦労が現れてしまうんです。悲壮感が出てしまう。六割でできた物は、ワクワクした楽しいオーラが出るんです。だからこそ、楽しんで仕事をすべきなんです。わかるよね。

5月24日

一人さんの美学

お金は大事だよ。だけど、人生お金だけじゃ成功とはいえない。

お金は大切だよ。たくさんあれば、それはそれでいいよね。だけどさ、ガソリンだけで車は走らない。お金だけ持っていても、成功とはいえないんだよ。

好きなこととか、家族とか仲間とか、他にも大事なものはある。お金だけあっても、幸せにはなれないんです。

5月25日

人間関係

言葉の「毒」は人を指摘したり、注意するときに出やすい。「毒」を持った人は、嫌われるよ。

人に好かれることを学ぶことも大事だけど、嫌われないことを学ぶのも大事だよ。なぜなら、九九％いい人でも、一％の「毒」があれば、その「毒」が人生を一〇〇％ダメにしちゃうからなんです。

「毒」って、人を注意したり、指摘するときに出やすいもの。だから、部下を注意しなければならないときは、最善の気配りを忘れてはいけないよ。

みんなの前ではなく、ひとりで話す。「もっとこうした方がいいよ」と余計なことは言わずアドバイスするだけ。それだけで、いいんです。

5月26日

上に立つ人へ

社長の話なんておもしろくない。だから、上司になったら長々話をしちゃいけないよ。

パーティの席での社長の話は、短い方がいい。乾杯のとき、ビールの泡が消えるまでしゃべっている社長がいるよね？冷えているうちに、社員に飲ましてあげたいと思うのが当たり前。長々、話していたら、パーティもおもしろくなくなるよ。

仕事も同じ。トップに立つ人が、部下が楽しい、おもしろいと感じてもらえるようにするの。世の中の目を考えないと、いい上司にはなれないよ。

5月27日

仕事が終わったら、やってみてごらん

仕事終わりにドライブに行ってごらん。
夜の高速を走ると
都会なら輝くネオンが
郊外なら星の灯りが美しい。
頭の中がスッキリして
明日の仕事もうまくいくよ。

5月28日

働き方

無理なことに挑戦しちゃダメだよ。目標は一〇〇じゃなく、七〇でいい。五〇にしてもいいんです。

目標を一〇〇にするから、八〇とか七〇とかできたとしても、目標達成できないって、くじけちゃうんです。七〇にすれば、初志貫徹できるだろ？

そうすれば、自分は初志貫徹できる人間だと、自信がついてくるんです。

最初から、目標を低くしていいの。

目標を五〇にしておけば、七〇達成したら、一二〇％できたことになる。

これは、かなりスゴいよね。

5月29日

幸福

「地獄言葉」を言っていると地獄の住人になっちゃうよ。

「景気が悪いな」「あの上司、嫌味ばかりだよ」「あいつがいなければ出世できるのに」。

職場でイヤな言葉を発していると、イヤな波動が引き寄せられて、本当にイヤな現実が起こるんです。「地獄言葉」は禁物だよ。いい仕事をしたいなら、いい言葉（天国言葉、p98）を話すことだ。

【地獄言葉】……「恐れている」「ついてない」「不平不満」「グチ・泣き言」「悪口・文句」「心配ごと」「ゆるせない」

5月30日

神様

人様のために働くということは神様のお手伝いをしているということ。

人様が喜ぶこと、世の中が喜ぶことをするだけ。

愛のある言葉を話すとか、笑顔であいさつするとか、困っている人を助けるとかね。人のためにやることは、神様に近い行いなんだよね。

仕事でも、人の役に立つことを考えれば、絶対うまくいくんです。だって、神様の手伝いをしていることだから。

5月31日

人間関係

来るもの拒まず
去るもの追わず
バイバイ。

人生は、出会いと別れの連続。

「来る人」は、必ずあなたの元に来るんです。

そして、「去る人」は、いなくなる。

去っていく人に、きれいに「バイバイ」って言うと、次にもっといい人が現れますよ。これが「バイバイの法則」。一人さんしか知らない、とっておきの法則です。

6月

JUNE

6月1日

生き方

今日一日
人にやさしく
自分にやさしくでいこう。

「人にやさしく、自分にきびしく」とよく言われるけどね、それが実行できている人って、ほとんどいないよね。私自身は、残念ながら一度も会ったことがありません。

たぶんね、「自分にきびしい人」は、人には倍くらいきびしいものです。

一番いいのは、「人にやさしく、自分にもやさしく」に決まっています。

そういう人のまわりには、いつもやさしい波動が漂って、まわりもやさしくなれちゃうんです。

6月2日

働き方

働き方はいろいろあるけど
どんな仕事も
自分に合ったやり方を
見つけられたときがプロなんだよ。

だいたい一日に八時間くらい働くだろ？　仕事がつらいって言っていると、人生の半分がつらくてイヤな時間になっちゃうんだよ。

逆に、楽しくてワクワクしながら仕事をすれば、人生の半分近くが楽しい時間になるんだよ。

自分に合ったやり方を見つけること。笑顔でいるとか、明るい声とか、元気とか。自分なりの楽しい仕事のやり方を見つけることだね。

きみなら、できるよ。

6月3日

女性へのエール

女は男を立てたらいけない。我慢なんかしちゃいけない。女はスゴい力があるんだよ。

女に生まれただけで価値があるんです。だから、男を立てる必要なんてないよ。息子に叱るように、旦那にも上司にもビシビシ言っていいんです。我慢しちゃ、ダメだからね。

だって、女性は能力があるんです。勉強すればしただけ、伸びていくの。これからは、家に縛られずに、自由に働けるよ。女の底力を見せるとき。もっと、羽を広げてはばたいていいんだよ。

6月4日

商売の極意

一億円稼ぐより、一〇〇万円損しない方が大切。

商人は、ケタの違うお金に目がくらんじゃ絶対いけないよ。損しないことが大事だからね。

ケタが違う儲け話には、裏があると見た方がいい。何かあると疑っておけば、商売のワナのひとつを回避できるんです。

商売は、一億円稼ぐより、一〇〇万円損しないこと。大儲けするよりも、つぶれないようにすることが大事なんです。

6月5日

出世

出世とは「人に押し上げられる」こと。

同僚の心を明るくするような言葉を話して、自分にいいアイデアが出たら、惜しみなくまわりの人に教えてあげる。いつもニコニコ楽しそうにしている。そうやって仕事をしていると、みんなから喜ばれたり、感謝されたりするんです。

何か新しい仕事があって、「この担当者は、誰がいいですか？」ってなったとき「ぜひ、○○さんにお願いしたい」と、みんながその人を押し上げてくれるんです。

出世とは、こうやって、まわりのみんなに押し上げられていくことなんです。

6月6日

仕事が終わったら、やってみてごらん

新緑の頃
週末にはピクニックに。
春の風を感じながら
咲き誇る花を眺めるのもステキだね。
一日中、オフィスにいる人には
特におすすめです。

6月7日

上に立つ人へ

社長になったら
仕事はひとつだけ。
給料日に給料を渡す。
これをやり続けているなら
立派な社長です。

私は、めったに自分の会社に行かないんです。行くと「話を聞かせてください」って、みんなが集まってきちゃうんです。仕事の邪魔をしたら、申し訳ないからね。

社長は会社にいなくてもいいんだよ。だって、社長の大事な仕事はたったひとつ。きちんと給料日に給料を振り込むこと。これをやり続けたら、立派な社長です。

そして、社長というのは、毎月お給料を支払うため、世の中を見抜く力が必要だよ。

6月8日

竹下祐治の詩

春風にふかれて
山桜は
白く咲く

編集プロデューサーの竹下さんへ贈った詩です。竹下さんがやっている仕事が春風になり、名もない山桜も満開に咲かせ、多くの人の心に灯りをともす。その姿を詩に表しました。

6月9日

一人さんも共感!

この人のココが活かせるよ

松下幸之助さん

松下幸之助さんは、自転車屋の丁稚から、電力会社に入り、頭角を現します。

小さな会社を立ち上げ、大企業へと押し上げていく。ひとつ上がったら、努力する。

すべて、「ちっちゃな努力」の連続だったんです。強運を招くのは「ちっちゃな努力」。これを示してくれた大企業家です。

[PROFILE] **松下幸之助**

日本の実業家、発明家、著述家。パナソニックを一代で築き上げた経営者である。異名は「経営の神様」。PHP研究所を設立して出版活動も。さらに晩年は松下政経塾を立ち上げ、政治家の育成にも意を注いだ。

6月10日

悩み解決

働きに行っているだけで十分だよ。それで何とかなるから。

あれができない、これができないって、悩んでいても仕方ない。毎日、働きに行っているだけで、スゴいことなんだよ。それで、十分だよ。人間って、そんなにいろいろなことはできないんだよ。職場でしっかり働く。それで、いいよ。

あとは、笑顔で！

6月11日

生き方

仲間がいるから楽しい。仲間がいるから前進できる。

仕事を楽しみな、人生を楽しみなって、言うんだけど、楽しみ方がわからないって言う人がいるんだよ。

どうすれば、楽しめるのか？　それは、妄想することなの。

一人さんだったら、キレイな女性に囲まれているとか、ね。御殿に住んでいる妄想でも、大会社の社長になる妄想でも、毎日釣り三昧している妄想でも、何でもいいよ。あなたが楽しいって思うことを考えるの。

妄想しなくちゃ、実現もできないからね。

6月12日

今日、仕事に行きたくない人にひと言

もっとよくなる。

「よくなる」と思い込んでいれば、何の問題も起きません。「よくなる」と思っているから、よくなるように生きるし、よくなる道も見えてきます。

もちろんこれからだって、不況は来るし、災害もあります。でも、たとえ、地震が起きても、昔は放っておかれたよね。今は全国からの支援があり、仮設住宅や資金援助もしてくれます。少しずつ、よくなっているのです。

「このまま行くと、ダメになっちゃう」じゃなくて、「もっとよくなる」。そう思えば、もっとよくなるんです。

6月13日

仕事の心構え

もっと豊かになりたいと思うなら働くしかない。少しでも上を目指すしかないんです。

お金って、働く以外、たいがいは手に入らないんです。当たり前だけど、泥棒とか詐欺とかやったらいけないんだよ。だから、働くしかないの。今パートで働いているなら、パートの主任になって、さらに正社員になる。お店をやっているなら、行列ができるようなヒット商品を生み出す。豊かになるためには、上を目指すしかないんです。

6月14日

6月の詩

忘れてました
空がこんなに大きいなんて
忘れてました
星がこんなにきれいだなんて
忘れてました
道の隅に咲くタンポポが
こんなにかわいいなんて
忘れてました
神の愛にいつも
包まれていることを

6月15日

生き方

結局、最後は男気なんだよね。

私はお弟子さんにはね、「おまえ、オレを守れ。オレはお前を守る」って言うの。

人間ってのは、男が男に惚れてついてくるの。また、女は女で、惚れてついてくるんだよ。

だから、人に惚れられるような生き方をしないとダメだよな。

最後は、男は男気、女は女気なんです。

6月16日

みっちゃん先生の詩

長い黒髪
きれいな目
心優しき人々に
いつも
たやさぬ
ほほえみは
観音菩薩に
生きうつし

「この歌をいただいてから、この歌とともに生きていこうと決意しました。そして、この歌とともに生きている今がとっても幸せです。そして、『観音様に生きうつし』と言われるような人になれることが、私の目標となっています」（みっちゃん先生談）

6月17日

一人さんの詩

―父さんの詩―

親父のありがたみは
死んでからじゃないと
わからないと聞いたけど
オレは出来が悪かったから
何十年かしてやっとわかった
父さん、ありがとう

6月18日

成功の法則

不思議なことに、商売でも何でもヘタくそな人は成功してる店とかを見に行かない。

仕事でも、商売でも、できない人は、成功した店とかを偵察しない。負けを認めたくないのか、わからないけど、繁盛した店はいいところが必ずあるんだよ。それを学びに行くべきなの。学ばなくちゃ改良点も見つからないんだよ。

私のお弟子さんでも講演が下手な人は、自分が話したビデオを見ないからなの。まずは、「自分の話を聞いてごらん」って言っている。恥かしがったりするけど、自分ですら聞きたくないような話を人に聞かせるのかって（笑）。自分が聞きたくて、他人も聞きたくなるような話をするの。改良点を見つければ、必ず成功するんだよ。

6月19日

商売の極意

最大の敵が出てきたら自分も同じことをやる。命がけで、楽しく次のことを考えるんだよ。

仕事には、ひとつの決まりがあるんです。「最大の敵が出てきたときは、自分も同じことをやる」っていう決まりです。

質屋の最大の敵は消費者金融。ならば自分も許可を取って消費者金融を始めればいいんです。スーパーの敵は、外食産業なんです。そしたら、スーパーを続けながら、外食産業も始めればいい。

とにかく最大の敵が出てきたら、命がけで、楽しく次のことを考える。それが、社員を守ることなんだよ。

6月20日

成功の法則

窓が汚いと情報が入ってこない。働いている会社や店舗の窓を確認してみてごらん。

先の見通しが利かない人って います。

そういう人の家に行くと、必ず窓が汚いんです。窓が汚いと、いい情報も入ってこない。だから「この店はダメ」「この会社はよくない」と言われている所は、だいたい窓が汚いものです。そう、いい情報を得たかったら、窓を掃除するんです。

テーブルや仕事場の机がゴチャゴチャしていると、企画や計画が立てられません。もしそうなら、今すぐ整理すべき。

汚い場所で働いていると運気は上がりません。うまくいかないなら、働く場所をキレイにすることからだよ。

6月21日

人間関係

完璧主義な人ほど「鈍感力」を身につけるべき。

優秀な人って「完璧主義」が多いんです。でもあまりに完璧を求めてしまうと、自分だけでなく、仕事相手や部下までもいっしょにいるのが苦しくなってしまうよ。

そんな人は、ワザと「鈍感」になって、相手と歩調を合わせたり、相手の気持ちをくんでみるんです。

優秀な人は、「鈍感」になる練習をしてみることだよ。

6月22日

仕事の心

自分の絶対的な味方になることだよ。

例えば、イヤな上司が職場にいたとする。「いつも叱られるのは、自分がダメだから」「嫌味を言われるのは、私が正確にできないから」って、自分を責めてしまうことがあるかもしれない。

でも、今日からは、自分で自分の味方をしてあげてください。「本当にイヤな上司だよね。よくわかるよ」ってね。他の人にわかってもらえなくていいんです。自分がわかっていればいいんです。

これが、自分を愛するということなの。自分に優しくすれば、人を広い心で見ることもできるようになります。

6月23日

生き方

自分で勝ち取る人生のほうがオレにとったら、ぜんぜん、幸せ。

一人さんはね、親が金持ちだったから、小さい頃からいろんな物を与えられたの。でも、親が稼いだお金でご飯食べたり、物を買ったりするときと、自分で稼いだお金で好きなように使うときでは、お金の価値がぜんぜん違うよね。

自分で何かをやって勝ち取ったときの喜びって、いっぺん経験しないとわからないかもしれない。とにかく、うれしくて、うれしくてしょうがないんだ。

自分で勝ち取る人生って、幸せなんだよ。

6月24日

働き方

いくら上の、元請けだろうが筋の通らないことを言ってきたときは戦わないとダメなの。

人はどんなに偉くても威張っちゃいけないの。そして、どんなに下請けでもなめられてはいけないんです。なめられたら、仕事にならないの。これが現実の世界なんです。

筋の通らないことを言ってきたときは、戦うんだよ。優しいだけじゃダメだからね。「それは違います」「これはできません」「無理だと思います」って、冷静に断るんだよ。

何でも「はい、はい」って言ってたら、世の中通るかって、そんなことはないんだよ。

6月25日

人間関係

商売では、義理と人情が大事。
でも、人情より義理の方が
重たいんだ。

例えば、世話になった人が亡くなったとします。涙を流して、大泣きする。これは人情だね。すぐに香典を持ってかけつける。これが義理というものです。

家でずっと泣いてましたなんて、それじゃダメなの。泣いている暇があったら、葬儀に行くんです。それが世の中なんだよ。義理の方が重たいの。わかるよね。

6月26日

成功の法則

みんなその道のプロなの。プロをなめちゃダメなんです。

人って、誰でもプロなんです。サラリーマンのプロ、主婦のプロ、医者のプロ、農業のプロ……。そして、みんな小さい頃からお金を使ってきたから、お金のプロでもあるの。

物を買う人はすべて、お金のプロ。どんなものを買えば損するか、どれを買えば美味しいのか、見る目を持っているのです。なめちゃだめですよ。お客さんは、物を買う玄人なんだから。

そしてね、いい物は、やっぱり売れる。だから、お客さんが喜ぶ、いい物を提供すること。これがプロの道なんです。

6月27日

仕事の心

仕事って飽きないんだよ。

新しいバッグを買っても一週間で飽きちゃう。彼氏ができても、楽しいのはせいぜい三カ月くらい。人間は飽きる生き物なの。でも、向上することに対しては、飽きないんだよね。だから、仕事は飽きないの。仕事をひたすら一生懸命やっていると、おもしろくなってくるからなんです。

仕事がおもしろくないなら、ひとりでふたり分働くことを考えてごらん。いろんなアイデアを出していくんだよ。商売しているなら、愛のある貼り紙を書くとか、食堂なら洗い物しながらお客さんにひと声かけるとか、ね。お客様が喜ぶことを、いろいろ考えて、実行する。仕事って、必ずやれば成果が出るんです。

6月28日

商売の極意

うんと稼ぐには うんと儲かることを考えるんだよ。

「そのへんをぶらぶら歩いていたら、気がついたら富士山の頂上にいました」なんてことは、あるワケがない。「富士山のてっぺんに登るんだ」と決意するから、人は頂上まで上がれるんです。

だから、普通に仕事をしているだけでは、稼げるわけないの。「自分の力で、うんと稼ぐぞ」って、心に強く思うことだよ。

競馬と違って、馬に賭けるわけじゃない。自分に賭けて自分で走るから真剣勝負だよ。

6月29日

人間関係

会社でイヤがらせをする人はいるもの。その人を恨むよりイヤがらせをしない人に感謝することです。

職場でイヤがらせする人は、たくさんいるワケじゃないよね。たぶん、上司ひとりくらいだろ？　多くてもふたりくらい。

他の同僚や上司は、あなたを困らせたりしないよね。イヤがらせをしないのは、当たり前ではないんだよ。それは、スゴい幸せなこと。

だから、その人たちに感謝しなくちゃいけない。「渡辺さん、ありがとう」「山田さん、感謝してるよ」ってね。

そうすると、心が落ち着いて、モヤモヤが消えていくからね。

6月30日

悩み解消

やってやれないことはない。やらずにできるわけがない。

自分に起きることとは、自分で解決できる。これは、本当のことなんです。誰もあなたに「戦争のない世界にしろ」とか「世界一のコンピューターを作れ」とか言わないよね。それは、あなたに起きる問題ではないからです。

今、あなたに起きている問題は、やる気を出せば乗り越えられる。やってみたら、ひょいっと乗り越えられたりするんです。「やってやれないこと」なんて、ひとつもないんです。

7月
JULY

7月1日

今月は
この口ぐせを

「私はスゴい、とにかくスゴい」

同じことに挑戦するのに、うまくいく人といかない人がいます。実はね、両者に大きな違いはないんです。ほんの少し、わずかな違いがあるだけ。

それは「自分はスゴい」と思っているかどうか。スゴいと思っていると、実力以上のスゴい成果を生むことができるんです。

「私はスゴい、とにかくスゴい」と自分に向かって言ってみてください。

言霊《ことだま》の力を借りて、いいことを引き寄せるんです。

7月2日

働き方

怒りのエネルギーは仕事に向けるんだ。人に向けてはいけない。

人を怒っても、気まずくなるだけ。ひとつもいいことはないよね。それに、怒るってエネルギーいるんだよ。

そのエネルギーを仕事に向ければ、いい仕事ができる。怒りのエネルギーの上手な使い方だよ。

7月3日

成功の法則

収入を一〇倍にするには一〇倍仕事を簡単にする。

収入を一〇倍にしようと、一〇倍がんばっても、一日二四時間なんだから、それ以上はがんばれないよね。

がんばるんじゃなくて、一〇倍簡単にできないか考えてごらん。それが見つかったら、一〇倍稼ぐことができるんです。

今のままで仕事の量を増やすのではなく、仕事の質を変えるしかない。頭を切り替えて、効率のいい方法を見つけ出すんです。

7月4日

働き方

「オレがやるからには、最高に楽しい仕事にする」そう思ってやり始めると仕事に行くのが楽しくてたまらなくなるの。

人は自発的になったとき、何もかもが楽しくなるようにできているんです。仕事だって、自分から積極的にやり始めると、ものすごく楽しくなってくるんです。

同じ作業でも「やらされている」と思ったとたん、奴隷になる。「最高に楽しい仕事にする」って思うと、いろんなアイデアが生まれてくるものなんです。

7月5日

7月の詩

夜空の星は
神様が落とした
ダイヤモンド
地球は青いきらめき
人はやさしい
愛の宝石

7月6日

一人さんも共感!

この人のココが活かせるよ

西郷隆盛さん

西郷隆盛さんは、あるとき殿様の勘気に触れ、島流しになったことがあります。

牢屋の中で、腐らず、このときとばかりにたくさんの本を読んだそう。深い知識を身につけた西郷さんは、牢屋を出たときは、グンと成長したのです。

人生、逆境のときこそ、人としての価値を上げるチャンスなんです。

[PROFILE] **西郷隆盛**

明治維新の元勲、政治家で軍人。王政復古に重要な役割をし、新政府に参与。戊辰戦争では大総督参謀となった。その後、私学校を経営。西南戦争を起こし, 城山で戦死した。

7月7日

生き方

みんな役目があって生きている。

みんな、それぞれ役目があります。その役目をきちんとこなせば、結果は出てくるんです。

例えば、この本。一人さんの今までの経験や考えを話すのが、一人さんの役目。読者の人に、実践したくなるような本を作るのが編集者さんの役目。ステキなデザインにするのがデザイナーさんの役目。そして、本を売るのは本屋さんの役目。

誰ひとり欠けても、いい本はできないし、みんなの元に届きません。すべての人にお役目があるのです。

そして、あなたにも、必ずお役目があります。

7月8日

仕事が終わったら、やってみてごらん

仕事が早く終わったら
海に行くといい。
夕暮れの海は
人も少なく心地いいしね。
波の音を聞くと、心も安らぐ。
海からのパワーは
明日への活力にもなる。

7月9日

成功の法則

行動。改良。あきらめない。

成功者に共通している三つのもの。

要するに成功する人って、いい意味で意地っ張りなんだよね。でも、自分に素直に生きている。

行動し、ダメだったら改良する。うまくいくまで、あきらめない。あきらめなければ、必ず道は開けます。

7月10日

一人さんの未来予想図

女は実力、男は愛嬌。

これからは、女性は実力をつけて、全面的に仕事に打ち込んでいい時代になる。好きなこと、好きな仕事を、楽しむ時代にね。

その分、男は女性を支えていくことになるの。だから、ムスッとした男は好かれない。ニコニコ笑顔で、女性をサポートできる男がモテるようになる。男は愛嬌になっていくよ。

7月11日

仕事の心

「仕事が好きです」って言う人にいい仕事は寄ってくる。

いい仕事を引き寄せたいなら、「仕事が大好きです」って言えばいいの。言霊は、おもしろいよ。そんなに仕事が好きではなくても、その言葉を発したら、神様が応援してくれるようになるんです。

仕事が好きって言っているうちに、だんだん仕事の中に喜びが見えてくるもんなんだよ。

今日は、「仕事が大好き」って職場で言ってごらん。

7月12日

一人さんの美学

あのときあれをやっておけばよかったという後悔はない。

やろうと思ったことは、すべてやる。

失敗したら、やり直せばいいだけ。間違ったら、すぐに修正すればいい。

一人さんは、「あのときあれをやっていれば、よかったのに」っていう後悔は一度もないよ。やりすぎちゃったなってことはあるけどね（笑）。

やろうと思ったら、次は行動だよ。

7月13日

生き方

人の役に立っているんだと思うとやる気って出てくるんです。

人間ってね、自分のためだけにやろうと思っても、がんばれないものなんです。

やる気がなくなったら、人の役に立っていると思うことだよ。

「これをやっていることが世間の役に立っている」「会社の役に立っている」とかそういう気持ちになると、自然とパワーが出てくるもんです。

7月14日

千葉純一の詩

雨が光り
大地が光る
行動が光り
覚悟が光ったとき
人生は光り輝く

「雨の日は光がないが、お前が行けばその場が光る。大地という暗転の場所もお前が立てばその場が光る。覚悟を決めて行動すれば、人生は光輝く素晴らしいものになるよ、という意味の詩で、一人さんの強く深い愛が詰まった詩です。私はこの詩で何度、救われたかわかりません」(千葉純一談)

7月15日

仕事の心

本を読めよ。一五〇〇円の本も一〇回読めば一五〇〇円だ。

誰か尊敬する人に会いたくなったら、本を読めばいい。一冊の本には、その人の最高のことが書かれている。著者は、そこに全精力を注ぐものだからね。実際、会ってみると、本に書かれている以上の人間なんてほとんどいないんです。

まずは本を読むこと。いい本と出会ったら、何回も読む。徹底的に読み込んで、実践してみることだ。一五〇〇円の本も一〇回読めば一五〇〇円。一〇〇回読んだら、一五円。そう考えると、安いもんだよ。

7月16日

上に立つ人へ

今は、社長が朝から晩まで会社にいる時代じゃない。外へ出て、世の中を見て仕事を考え出せる社長でなきゃ生き残れないよ。

朝から晩までずーっと会社にいたって、仕事がなかったら、いてもしかたがないでしょ？

社長は会社にいないで、外へ出歩いてもいいの。仕事を取ってくればそれでいいんです。

社長が頭を使って、仕事を考え出さなきゃいけない時代が来たんです。

「時代は変わった」のです。今までの成功方法では、勝てないよ。

7月17日

今日、仕事に行きたくない人にひと言

昨日までの経験で今日を生きる。

人間ってね、昨日までの経験で今日を生きてる。
経験していないことを次にはつなげられないんだよ。
だから、今日もいろんな経験をしてみよう。
次につなげるためにね。

7月18日

仕事の心

「お金がないから働く」これは、当たり前のこと。恥かしいことではない。

「自分の家は貧乏だから、奨学金をもらって大学に入る」って人がいるよね。勉強が好きな人は、奨学金もらって、勉強していいんです。

でもね、それほど勉強が好きでなければ、大学行かなくても働けばいいんです。「お金がないなら働く」。シンプルな選択です。そして、この選択は恥かしいことではありませんよ。

働くことは尊いことなの。恥かしいことなんて決してないんです。

7月19日

悩み解決

「慣れる」っていうのは失敗しながら、怒られながら慣れるんであって、最初からウマくいくようなものはない。

仕事でも、何でも「やり始めたら、がんばって続けなくちゃいけない」ってことはないからね。でも、すぐに「続かないから、辞める」でもない。少し辛抱して何カ月かやってみると、「慣れていく」んです。失敗したり、怒られたり、教えてもらったりしながら、慣れていくの。

それでも、「向かない」というのがわかったら、辞めればいい。その職場やその業界が見られただけ得したって思えばいい。ムダな経験なんてないからね。

7月20日

人間関係

人から恨みを買うと大きくなって返ってくる。

後輩や部下の前でガミガミ怒る人っているものです。大勢の前で見せしめのように怒鳴ったりする人もいる。

こうした「いばりんぼう」は、怒ることで相手のエネルギーを奪っているんです。怒ったあと、一瞬だけスカッとするんだよね。それがやめられないだけ。

人に怒って、恨みを買っていると、その恨みは大きく膨らんで、いつか「いばりんぼう」に返ってきます。怒るクセ、威張るクセは、一刻も早く直した方がいいよ。

7月21日

宮本真由美の詩

頂上めざして突きすすむ
何があってもけっして
あきらめない
そこが、あなたに一番ちかいことを
私は知っているから

「あきらめないで突き進んで、昇っていくことは、自分の魂を向上させる最高の階段。そして、そこが『神様』に一番近いことを、あなたの魂は知っています。このような意味で、一人さんが私に贈ってくださった言葉です」（宮本真由美談）

7月22日

仕事の心

笑顔で仕事をしているとどこに勉強に行くより頭がよくなる。

不満な顔で仕事をしていると、何も得られないよ。それだけじゃない、イヤなことは次々起こってしまう。そんなのもったいないよね？笑顔で仕事をしていると、自分のためになることが次々起きます。笑顔はね、幸せの国へ行くためのパスポートなんです。

7月23日

成功の法則

勝てる人間になる方法
それは見栄を捨てて
優秀な人間に素直に学び
それをさっさと実践すること。

業績がいい同業者のアラを探しても、何も得られないよ。見栄を捨てて、いいところを学ぶんです。

繁盛しているお店のいい部分をまねる。調子のいい会社の手法を学ぶ。優秀な経営者のリーダー論を実践する。

そういう素直な姿勢があれば、今は負けていても、やがては勝てるようになるんです。

7月24日

商売の極意

不況期は規模を追うより
経費をかけずに経営する。

商売では、年商より利益が大切なんです。これからの時代、年商の大きいところより、経費をかけずに利益を上げたところの方が勝つんだよ。だから私の商人道は「知恵出せ」なの。知恵はいくら出してもタダだから。それに、頭は使えば使うほどよくなっていく。逆に、お金は使えば使うほどなくなっていくからね。

7月25日

上に立つ人へ

筋の通らない生き方したら人生だって、仕事だってうまくいかない。

うちの本社は、東京の新小岩ってところにあります。銀座とか六本木とか、東京の中心ではないけど、移る気はまったくないんです。

だって、移っちゃうと、ずっと支えてくれたパートの人たちとかが、働きにくくなるからね。その分、社員やパートの人たちは、「社長、毎日出かけてくださいさい。会社は私たちで守りますから」って言ってくれるの。お互い意気に感じて商売をしている。

これが筋を通すということ。筋を外した人が成功すると、人前で威張ったり、ろくなことをしないの。だからさ、筋を通した仕事をするんだよ。

7月26日

仕事の心

仕事ってのは
派遣もクソもないんだよ。
できる人がやるんだ。

派遣社員だから、パートだからと、尻込みすることはない。どんな仕事でも、できる人がやればいいんです。

それに、上司の社員に提案したり、指示してもいいんです。いい仕事をするためには、派遣だって口を出していいの。

どんな地位にいても、プライドを持って仕事をすることだよ。

7月27日

一人さんの
未来予想図

女のエゴが男を救う時代になる。

女が優遇される時代がこれからやってきます。思い切って働くし、大金を持つようになる。浮気だって、こそこそしないでする。女の方が大胆で、わがままなの。

これから女のエゴが男を救っていく。「男だから」っていうのがなくなって、男だって生きやすくなるよ。

今は、端《は》境《ざかい》期《き》なんです。男も女も、もっと自由になるからね。

7月28日

仕事運

チャンスが出てきたとき それを逃さず実行することが大事です。

いい仕事が欲しい、いいチャンスに恵まれたい、と思っても最初から来るワケがないんです。

いいかい。今、あなたの目の前にやって来ていることがチャンスなんです。

今、目の前の問題を一生懸命やること。逃さず、実行するんです。それがクリアできたら、次にもう一段上がる。さらに、次の問題をクリアして上に行く。出てきた問題をクリアしていけば、いつの間にか、高い場所に行っているから。

7月29日

生き方

何かずば抜けている人は反対がへこんでる。それがわかっているとラクに生きられるよ。

人間は総面積が決まっているの。だから、何かずば抜けてスゴいって人は、反対側がへこんでいるもんだよ。

親とかまわりが、へこんではいけないと言うから、削ったり、埋めたりしちゃうんです。それでつまらなくなっちゃうの。

スゴくできる人って、スゴくへこんでいるんだよ。それで補い合っているんです。

それがわかると、スゴいままで生きることができるんだよ。

7月30日

仕事の心

人の幸せを考えて懸命に取り組むと「他力」を得ることができる。

他力っていうのは、「人を頼る」ってことじゃないよ。他力とは「天の力」のこと。

普通、他力というと何かに頼りきって、自助努力がないものだと思っちゃう。これは逆なの。自分が一生懸命に努力していると、天から力が与えられるんだよ。高校野球だって、あの子たちががんばっているから、人が応援してくれるんだよね。まわりの人が思わず応援したくなる。それが「他力」の意味なんだよ。

仕事も同じ。お客さんを喜ばせるにはどうしたらいいか、懸命に取り組んでいけば、他力が入って自然と大きくなるんだよ。

7月31日

商売の極意

頭を下げるから頭が打出の小槌になる。

商人は、打出の小槌。深く頭を下げるほど、お金が懐に入ってくるんです。そして、頭を下げればいいアイデアも生まれてくるの。

でもね、へこへこしちゃいけないよ。「自分はこの道のプロだ」って覚悟を決めるんです。自負を持って、頭を下げるんだよ。

これはサラリーマンも、公務員も同じだよ。

8月

AUGUST

8月1日

今月は
この口ぐせを

「おめでとう！ よかったね」

人が成功するのを見ると羨ましく感じるものだ。でも、「何であの人に？」と妬んでいると、神様は「この人は、まだ受け取る準備ができていないんだ」と思って、せっかくの幸運を逃してしまうことになるんだよ。

誰かのいい話を聞くというのは、次はあなたの番だから準備をしておきなさいということ。だから、自分のことのように喜んで、「よかったね、おめでとう」と祝ってあげることだよ。

必ず口に出して相手に伝えること。何度も言うけど、言葉の威力はスゴいからね。

8月2日

人間関係

図にのってくる人は一度ひどい目に遭わせた方がいい。

普通、大人になると怒ることなんて、めったにないんです。だけど、人をバカにしたり、人格をけなすような人は、一度ひどい目に遭わせた方がいいんです。そうじゃないと、どこへ行っても同じことをするからね。

みんなの前で「そんなこと言うのやめてください！」って、逆ギレしていいんだよ。

一度ひどい目に遭えば、学ぶからさ。

8月3日

一人さんが自分に贈った詩

おれの花
どんな花でも
満開に咲け

8月4日

仕事が終わったら、やってみてごらん

さぁ
今日はビアガーデンで一杯飲もう。
今でなくちゃ行けない場所だから。
どこかで花火をやっていたら
見に行くのもいい。
夏を楽しまなきゃ損だよ。

8月5日

働き方

仕事を頼むときには必ず予防注射を打つ。

仕事を依頼するときは、予防注射を打っておくといい。

「この仕事、意外と難しいからさ、普通の人だと、二〇回くらい失敗するけど、君なら一〇回くらいの失敗で成功するよ」って伝えておくの。

それを一回でやってくれって言うから、相手は挫折しちゃうんだよ。あらかじめ、ワクチンを打っておけば、心の抗体みたいなものができて、失敗しても耐えることができるんだ。

仕事を頼むときにも、愛が必要なんです。

8月6日

仕事の心

「あせり」というのは体の免疫力を下げるんです。だから、心がけてゆるめないといけないんです。

そんなに急ぐ必要ないのに、あせって仕事場へ行ったり、作業を進めたりする人がいるよね。こんなとき、まわりが「落ち着きなさい」と言っても、なかなかスピードを弱めることができないんです。

自分で意識して、動作をゆっくりするしかないんです。わざと、ゆっくり歩くとか、大きく深呼吸をするとか。それだけでも神経がゆるむんです。

それに、どうせあせってやっても、いい物はできない。リラックスした気分でやったとき、いいアイデアがバンバン出て、いい物ができるんです。

8月7日

一人さんの
未来予想図

男は職場のアイドルを目指す。

この人のためなら、協力できる。この人を笑顔にしたいから、仕事をがんばろう。女性からそう思われる男になると、仕事はうまくいくよ。職場のアイドルだね。

そのためには、男は魅力的になるんだよ。天国言葉（p98）を使って、笑顔でね。職場で威張ったりしちゃいけないよ。

所詮、女性には勝てないんです。女から生まれているんだから。女性に好かれることが大事だよ。

8月8日

神様

眼力がないまま社会へ出ていくと人生は悲惨なサスペンスドラマになる。眼力を養っておけば人生は楽しく生きられる。

仕事のこと、人のこと、世の中のことを見抜く力がないと、困ったことやイヤなことが起こりやすくなります。

困ったことやイヤなことは、あなたの間違いを神様が正そうとしてくれているので、悪いことではないのですよ。

だけど、事前に知っておけば避けて通れるものがたくさんあるのです。

それを見抜く「眼力」さえあれば、大丈夫。

一人さんの本を読んでいけば、その眼力が養われます。ぜひ、毎日この本を読んでくださいね（笑）。

8月9日

成功の法則

苦しい努力は間違い。楽しい努力をするんだよ。

「苦労を乗り越えたらいいことがある」って思っている人いるよね。でも、苦労すること自体、間違っているんだよ。

努力が必要ないって言っているワケじゃない。正しい努力は、楽しいんです。つらくないの。

正当なる努力は、やっていて自分も楽しいし、まわりも認めてくれます。

苦しい努力だとしたら、それは間違っているんです。

8月10日

生き方

どの道を行っても
自分の歩いた道が自分の道。

どうせその道を歩くなら、楽しくて明るい道がいい。誰もがそう思うよね。

でもさ、悩んで、立ち止まって、考え込んだ道も、あとになってみると、愛おしい自分が通った道なんだ。

そのとき、最高の答えで通った、大切な経験の道なんだよ。

8月11日

一人さんの美学

日本人は、楽しく働いて短時間で、稼げる仕事なんてないと思っている。

苦しむことなんてない、楽しく働くの。そして、無理に時間をかけないことだよ。

この本だって、一万冊売れても一〇〇万冊売れても、作る手間は同じだよね。いい本なら売れるんです。役立つものを作って、多くの人に届けることができれば、自然とお金は集まってくるの。

「楽しく稼げる方法はある」って思えば、知恵は湧いてくるんです。

8月12日

今日、仕事に行きたくない人にひと言

今日は大丈夫。

大丈夫だよ。今日はうまくいく。
今日は絶対うまくいく。
仕事が楽しくないなら、仕事以外でいいから、
楽しいことを見つけてごらん。

8月13日

一人さんの未来予想図

今度の産業革命はおもしろいよ。イヤなことはAIに任せることができるようになるんだから。

今は、産業革命の最中。AI（人工知能）が発展する過渡期なんです。イヤな仕事を引き受けてくれるまで、あともう少し。

どんな仕事がイヤなのか考えてみると楽しいね。例えば、苦情係なんて、AIだといい。AIはクールに話を聞くだけだから、苦情を言う方がストレスになったりして。

これからは、どんどんいい時代になっていく。そう思って、仕事をしていくことだよ。

8月14日

一人さんの詩

まつことすら
たのしい
あなたに
会えるなら
まつゆき草の花

誰かにプレゼントしようと思って、まだ誰にもあげていない詩です。
どんなステキな人に差し上げようか、それを考えるのも
「まつことすらたのしい。あなたに会えるなら」です。

8月15日

終戦記念日に贈る言葉

恐れは恐れを生み
不幸は不幸を生む。
自分の心の中だけでも
幸せにしよう。
笑顔が幸せを呼んでくる。

8月16日

8月の詩

お日様はいつも
ニコニコ笑っています
お日様に照らされると
ひまわりもタンポポも楽しそうに
笑いだします
ねむっていた鳥たちも
歌いだします
明るいってすごいな

8月17日

生き方

人がしないことこそ価値がある。

世の中にはね、いいことをしている人が少ないんです。

いいことってどんなことっていうと、人のいいところを見つけたらほめるとか、いつも笑顔でいるとか、明るい話をするとかね。「それだけのこと」って思うでしょ？　たったそれだけをやっている人が少ないの。

だから、ちょっといいことしただけで、神様からごほうびがもらえるんだ。試しにやってごらん。

8月18日

経営

「神的経営」をすること。絶対に外れない経営方法だから。

私たち人間は、この世に生まれたときに、「魅力的な人間になります」って言って、出てきたんだよ。

だからね、仕事するときも魅力的な人でいることだよ。また、会いたくなるようなね。

お店をやっていたら、お客さんはあなたの笑顔を見に来てくれる。営業マンなら、熱心なあなたを指名してくれる。看護師なら、優しいあなたを頼りにしてくれる。魅力的だから、会いに来るんです。

この「神的経営」をしていけば、絶対外れはないんです。

8月19日

成功の法則

シンプルな考えが本当はすごい。

韓国が不況のとき、当時の大統領が『タイタニック』の映画を見たんだ。そして、その興行収入に驚いた。なんと、韓国の名だたる企業より上だったんです。それで、映画でこんなに収益があるならと、国を挙げて芸能人の育成に力を入れたんだよね。一国の大統領として、この発想ってすごいよね。

そして、本気で取り組んだら、世界で通用する韓国のスターが次々出てきたワケです。

いいものは、素直にいいと言って、取り入れる。こういうシンプルな考え方って大事だよね。

8月20日

仕事の心

競争があるのが当たり前。

日本人って競争を嫌がるけど、競争のない世界なんてないんだよ。競争があるのは当たり前。

日本人がどうして競争を嫌がるかっていうと、負けると、怒られたり、バカにされたりするからだよね。

これからは、楽しく挑戦する時代だよ。

8月21日

一人さんも共感!

この人のココが活かせるよ

寺田啓佐《けいすけ》さん

寺田啓佐さんは、私の友人で千葉にある酒屋さんでした。

彼のつくるお酒は、とにかく美味しくて、出す酒、出す酒、どれもがヒットしちゃう。そして、それを聞きつけて見に来る人に、惜しげもなくその手法を教えてあげていた。

ここが、寺田さんのスゴいところ。そして私が共感する点です。

[PROFILE] 寺田啓佐
自然酒蔵元「寺田本家」23代目当主。1985年、経営の破綻と病気を機に自然酒造りに転向。日本酒「五人娘」の製造販売を開始。その後、発芽玄米酒「むすひ」や、どぶろくの元祖「醍醐のしずく」など健康に配慮したお酒を次々商品化した。

8月22日

悩み解決

成功の秘訣
それは発想の転換だよ。

がんばっても、仕事がうまくいかない。

これはやり方が間違っているんだよ。つまり、「もっといい考えがあるよ」という神様のお知らせなんです。それを考える時期が来たということなんだよね。考え方を変えないで、何とかしようとしちゃいけないよ。発想を転換するの。

例えば、空手で瓦を割るのに一〇枚が限界だとする。一一枚割りたかったら、トンカチを使うとかね。重機を使うでもいいし、人の手を借りるでもいい。割ればいいんだから。

何かしら違う方法をやってみることなんだよ。

8月23日

商売の極意

楽しく開発した商品こそが売れる。

私にとって一番大事なのは、楽しい気分でいることなの。なぜって、私が苦労したり、悲しんだりしていると、ステキなひらめきやおもしろいアイデアが湧いてこないからなんです。私の仕事は、ひらめきとアイデアが大切だからね。

つらい気持ちがあると、つらいっていう不純物が入っちゃう。苦しんでいると、苦しい要素が混ざっちゃう。こういう気持ちで作った商品は、悲しいくらいに売れないんです。

楽しく作ったものは、楽しい状態で売れていく。だから、また買いたくなるんです。

8月24日

成功の法則

少ない中からいいところを見つけ出せる人間は不況だろうが何だろうが降参しないんだよ。

少ないところからいいところを見つけ出せる人間は、スゴい力を持っているの。例えば、人の来ない場末で商売していても、「ここで何をやったらうまくいくだろう」っていうのがわかっちゃう。

不況が来ても、貿易摩擦があっても、「もうダメだ」なんて、思わない。「不況は不況でメリットがある」「貿易摩擦で、儲かる商売もある」って前向きにとらえることができるの。

成功者は、どこにいたって「今、自分のいるところが素晴らしい」って言えるんだよ。

8月25日

上に立つ人へ

店長ならね
迷惑をかけるお客さんが来たら
断る勇気を持つことだよ。

仕事でチームのトップになったら、「チームの楽しい雰囲気を守ること」が必要だよ。

例えば、あなたが店長なら、いろいろなお客さんと出会うよね。いいお客さんもいれば、お店のルールを守らないお客さんもいる。

せっかくの楽しいお店の雰囲気を壊すようなお客さんには、「ルールを守ってください」と言うのが店長の仕事だよ。それでもわからなければ「もう来ないでください」と伝えること。これがリーダーの務めだからね。

8月26日

生き方

あなたにとって今が修行のときです。笑顔で乗り越えましょう。

人間、誰もが何かしらの修行をしています。修行とは、「イヤなこと」とか「苦手なこと」と決まっています。

ただね、どんな修行も時間が経てば終わるんです。このとき、「笑顔で乗り越えた」か「苦痛の顔で乗り越えた」かを神様は見ています。

笑顔で乗り越えた人には、ご褒美があります。だから、笑顔で乗り越えるんです。わかるよね？

8月27日

商売の極意

商売に「待ち」の姿勢は通用しない。自分という商品を売り続けるしかない。

農業なら、田植えをすれば、秋になるとお米が収穫できる。でも、商売って、待っていても何も収穫できないの。

その分、毎日が収穫日になる。お客さんが飽きない限り、売り続けることができるんです。ただし、待っちゃいけないよ。

お客さんの求めるものを常に考えて、人が喜ぶ商品を作ったり、売ったり、広めたりする。飽きないように、手を変え、品を変えてね。

8月28日

プロ意識

成功したら次はあとに続く人たちにやり方を教えてあげることだよ。

苦労して得た成功を、独り占めにしたいという気持ちはわからないではない。でも、多くの人の役に立つ成功だとしたら、広めた方がいいに決まっています。

成功したら、次に続く人に、その成功方法を教えてあげてください。みんな喜んでくれるよ。ありがたく思うよ。

そして喜んでもらうと、もっともっと楽しいよね。

8月29日

お金

お金の神様に好かれる人は入ってきたお金を大事にする人です。

お金が入ったとたん、使っちゃう人っているんです。ないときは、がんばって節約していたのに。

大きなお金が入ってきても、全部使っちゃいけないよ。一割は貯金をしておくといい。お金の流れが変わったとき、資金は必要だからね。

特に、会社を経営しているなら、先のことを予測することだよ。お金を大事にすれば、お金の神様に好かれるんです。

8月30日

女性へのエール

経済に強い人が勝つ時代。だから、これから女性の時代が来るよ。

経済が優れている方が勝つ時代なんだよ。経済ってさ、つまりはお金のこと。

今、日本でお金を握っているのは奥さんだよね。何が売れて、何が必要で、何が欲しいか、女性の方がわかっているんです。

だから、これからの経済は女性が引っ張っていくことになる。もうすぐ女性の時代が来るよ。

8月31日

生き方

成功とは旅路なんだよ。自分の決めた道をとことこ歩いているときにドラマが起きる。


自分の決めた道をウロウロせずに、歩くこと。そうすれば、人と出会うんだよ。きちんと歩いていけば、魅力的な人と出会ってドラマが起きるの。

動かない人は、動かないような人しか出会わない。

じっとしていないで、行動することだよ。

9月
SEPTEMBER

9月1日

今月は
この口ぐせを

「困ったことは起こらない」

今、大変な思いや苦しい思いをしている人もいるでしょう。渦中にいる人にとっては、受け入れがたいかもしれないけど、困っていることは、実は「神様の愛」によるものなんだよ。

神様は天から、私たちのことを見ていて、もっとよくしてあげようとしているんです。苦しめようとしているんじゃない。よくなるチャンスを与えてくれているんだよ。

つらい出来事は、自分を向上させるため、神様が与えてくださったもの。だから、「困ったことは起こらない」。何かあったら、この言葉を口にするといい。

9月2日

生き方

不況が来ようが、困難が来ようが元気なのがいいんです。

何があっても、落ち込まない。ふさぎ込んでもいいことはないよ。
元気で大きな声を出して、笑顔でいることです。
「今を幸せに生きる」ということをやっていると、仕事も人生もうまくいくの。
今、状況が悪くても、それを好転させることはできるんです。大丈夫だからね。

9月3日

9月の詩

秋桜は
キリンのくび
風に吹かれて
あっちにふらふら
こっちにふらふら
幸せだなぁ
がんばらないって

9月4日

人間関係

礼儀で大切なのは葬式でばか笑いをしないこと。

いくらうれしいことがあったとしても、葬式でばか笑いはしちゃいけない。「当たり前」って思うかもしれない。でも、「葬式で笑う」のと同じようなことを、みんなけっこうしているんです。会社で同僚の悪口を言ったり、部下の欠点を大勢の前で指摘したり、相手の会社の悪い噂を流したり。自分のことばかり主張して、まわりの人の気持ちに気が回らない。こういう人は「礼儀違反」です。礼儀を違反すれば、信用される人にはなれないよ。

上に立つ人へ

社員選びは「能力があって性格がよい人」。

社員を選ぶときは、人のいい人を選ぶんだよ。でも、もちろん能力がなきゃ仕事にならないから、「能力があって性格がよい人」だよ。

ただ、能力があっても、性格の悪いのはダメ。性格がいいけど、能力がないのもダメなんだ。

つまり、会社は少ない人数でやる方がいいの。そうじゃない人もいるけど、少数主義は私の美学なんです。

9月6日

地獄の詩

じごくに行っても
人助けしような
あなたは
そういう人ですね

私は地獄を見たことがありますが、暗くて寒くて、臭いところでした。
間違った生き方をすると、こういうところに行きます。今からでも、いい
生き方はできますよ。

9月7日

仕事運

いい仕事したいなら
つやを出すこと。
特に顔にはつやが必要なの。

景気のいい社長さんの顔を見てごらん。みんな、つやつや、輝いているんだよ。不思議だけど、運が上がっている人、よい波動の人って、顔につやがあるの。

自分には、いいことがないと思ったら、嘆く前にクリームを塗ってつやを出すの。絶好調な顔をつくるんです。

それだけって思うだろ？　でも、これが絶大な効果を生むんだよ。

9月8日

人間関係

人は変えられない。変えられるのは自分だけ。

仕事の相手の中には、「どうして、こんな人といなくてはいけないいんだろう」と思う人はいるものです。これは、結婚相手でもいっしょだよ。

まず、相手に過度な期待しないこと。そして、相手を変えようとしないことです。さらに、「この人のために何ができるか」と考えること。考えていくと、相手が変わるか、もしくは縁が切れて相手がいなくなるか、どちらかです。

あなたが変えることができるのは、自分を変えることだけなんです。

9月9日

商売の極意

商いは笑人の戦場なり。

商人って「運」が大切なんです。

運をつけるため、商人は笑顔でいなくちゃいけない。だって、自分が楽しくないものを人に売ったって、お客さんが喜ぶワケないからね。

笑顔で前向きでいれば、ひらめきやアイデアが生まれてきます。私が商人を「笑人」と言うのはそのため。

そして、商売は常に戦場だということ。仕事を続けている以上、戦いは終わりません。戦いだから、敵が攻めたり、大勝ちしたり、それがおもしろい。商売人はこの戦いを楽しまなくては損ですよ。

9月10日

仕事が終わったら、やってみてごらん

これからは連休も多いし
楽しい仲間と旅行へ行こうよ。
一人さんは、ドライブなら千葉に
旅行なら青森に行くのが好きなんです。
好きなところに行くのがいいよ。

9月11日

女性へのエール

どんな女性でも力があるんです。自分の脳力を認めることだよ。

「私は女だから何もできない」「私は結婚しなくちゃ生きていけない」こんなふうに思っていないかい？

女性は、どんな女性でも、力があるんです。自分の脳力を知らないだけ。

やろうと思えば、何でもできます。千人力なんです。

もっともっと発揮しなきゃ。できると思えば、できるんです。

9月12日

成功の法則

仕事において「忍耐強く」とか「辛抱して」とかそんなの必要はないんだよ。

仕事で、忍耐や辛抱は必要ないんです。

その代わり、気持ちを暗い方に絶対持っていかない。いつも明るくとらえて、明るく対応する。否定的なことは言わない。自分だけでも機嫌よくいる。こんなふうに、愛のある行動をしていれば、物事うまくいくようになっているんです。

9月13日

上に立つ人へ

下に優しくない上司は誰もついてこなくなるよ。

「優しい」人って、目上にだけじゃなく、目下にも優しいんだよ。

目下の人間に優しくしてごらん。そしたら、上の人間にも「それは違うんじゃないですか？」って、反論できるようになるから。

目下の人間に優しい人には、多くの人がついてくる。いい上司になれるんだよ。

9月14日

一人さんの美学

人はもともと優秀なの。だから、集まってきた人はみんな優秀。今いる人の中で日本一を目指すんです。

私の会社は、五人しか社員がいないんです。

優秀な人を引き抜こうという考えはまったくない。だって、私の下に集まってきてくれた人は、みんな優秀なの。優秀になってしまうの。

一〇人必要な会社なら、私は五人でいい。五人が一〇人分やるから、みんな働き者で、さらに倍の利益を挙げることができる。いいボスがいれば、少数でも精鋭になれる。私はそう信じています。

現に、五人で日本一になったでしょ。

9月15日

今日、仕事に行きたくない人にひと言

なんとかなる一日。

「なんとかなる」「どうにかなる」。

だから、不安になっちゃいけないよ。

物事は結局一番いい方向に流れていくものなんです。

ムダだと思えた経験でもあとから活きることもある。

そう考えると、自信につながるんです。

9月16日

商売の極意

うちの会社は楽しく仕事して人に喜ばれる最高の会社。

うちの会社（「銀座まるかん」）には、苦労話なんてないの。苦労なんて、まったくしていない。楽しく仕事して、楽しい商品ができて、お客さんに喜ばれて、売れていく。最高の会社なんだよね。

月に二〇万個売れるようにしようって作った商品が、一万個しか売れなくても、いいの。それまでこの世に出てなかった商品が出ていったのだから、満足だし、多少なりとも売り上げは上がるんです。

楽しく仕事をしていけば、大当たりか当たりしかないんです。

9月17日

生き方

「人生の壁」は上に行くほどラクに越えられる。

どんな人の人生にも「壁」は出てくるもの。壁が出てきたら、あきらめずにコンコンとたたく。とにかくたたき続けること。それなのに、壁を見ただけでひるんじゃう人がいる。どんな手ごわい壁も、たたき続ければ、必ず穴が開くんです。だから、根気よくやり続けなくちゃ。

ひとつ目の壁が一番大変なの。ひとつ乗り越えると、次はちょっとラクになる。そして、三つ目の壁は、もっと楽になる。上に行けば行くほど、ラクになるんです。

9月18日

幸福

ステキな人生を生きてるとさ
まわりにステキな人が出てくるんだよ。

出世と生きがい、どっちを取るか？って言われたら、普通生きがいと思うだろ？　そうじゃないんです。会社は出世しないと、生きがいを持てないような仕組みになっています。

おべっか言ったり、人の足を引っ張ることが出世じゃないよ。自分の仕事をサッサと終えて、人の手伝いをすればいいの。そしたら、あなたが出世するのが当たり前と、まわりも応援してくれるんです。

ステキに生きると、まわりにもステキな人が出てくるの。イヤな生き方をすると、イヤな人しか出てこないよ。

9月19日

起業

独立しちゃうと覚悟はいらないんだよね。

独立するまでは覚悟がいるけど、独立したら、覚悟なんていらないんです。

独立するって社長になるんだよ。社長業って実に簡単なんだ。根性もいらなきゃ、忍耐もいらない。

売れなかったら、売れるように改良して、改良して、また改良する。それだけなんです。

9月20日

上に立つ人へ

大事な話があるときは「変な話」って言った方が相手の魂に響くよ。

人に伝えたい重要な話をしたいとき、「この話は大切だから、よく聞くように」と前置きして話す人がいます。

でもね、一人さんはとっても大事な話のときは、「これから変な話をするよ。聞きたくなければ、聞かなくていいよ」って言うの。

不思議だよ。こう言うと、みんなが耳を傾けてくれる。みんながラクな気持ちで話を聞けるの。すると、その話は人の心にスッと入って、魂に響いてくるんです。

9月21日

人間関係

自分のためにも灯をともしても
人のためにも灯をともしても
あなたのまわりが明るくなる。

心に灯がともるような話し方、行動を心がけてごらん。だんだんとまわりが明るくなってきます。

怖いと感じたり、不安に思ったりするときは、愛が足りないとき。心に愛を持って、火をともし、まわりを照らすんです。

今、悩んでいる仕事やつらい仕事も、火をともして明るくすれば、解決の光が見えてくるよ。

9月22日

商売の極意

「お客さんが喜ぶことって何だろう?」って考える。これを考えていると、仕事ってワクワク楽しくなってくるの。

お客さんって、外から来るんだよ。店の中でじーっと待っていても来ないよ。

看板をキレイにして、窓を磨いて、お客さんを寄せるの。そして、笑顔で接して、楽しい店にするんです。そこが楽しいお店だと、お客さんは、何度も来てくれるうえに、友だちまで連れてきてくれるんです。

9月23日

仕事の心

服装からなにから貧乏そうな波動を出し貧乏そうなことを言ってたらどんないい物でも、売れないんだよ。

昔の商人は、儲かってそうな格好をする必要なかった。でも、今は物がある時代なの。

身だしなみは気にしない、化粧っ気もない、おしゃれにも無関心。そんな人から物を買いたいとは思わないよね。安っぽい身なりをして、「儲からない、儲からない」って言っていると、「この人、ロクな物を売っていないんだな」って見られるよ。

ともかく、服装から言葉まで、貧乏な波動を出していると、仕事はうまくいかないんです。まずは、見た目や話す言葉から、変えることだよ。

9月24日

経営

「どうしたらヘッドピンを倒せるか」経営者は、これを常に考えるべき。

世の中には「ヘッドピン」というものがあります。三角形に並んだボウリングの先頭のピンがヘッドピン。これが倒れると、後ろのピンも倒れていきます。

日本の景気をよくしたい、会社を繁栄させたいと思うなら、政治家や経営者は、このヘッドピンを倒すことを考えるんだ。

一本倒しただけで、すべてのピンが倒れるような、お金の回し方をね。するとさ、自分の会社だけではなく、多くの人のお金の回りがよくなるんだよ。

9月25日

神様

あなたは常に試されている。

どんなにがんばっても、どれだけ正しいことを行っても、問題は起こるもの。こういうとき、「何で自分だけ」「何も悪いことはしていないのに」と、嘆いてしまうこともあるよね。

でも、問題が起きたときは、「これは神様のお試しなんだ」と思ってごらん。そうやって、問題に取り組んでいくと、必ず一段上に上がることができるんです。

社長になっても、総理大臣になっても、どんなに偉くなっても、常に試されているということを忘れちゃダメだよ。

9月26日

上に立つ人へ

これからは女性が働きやすい職場を作ることが何より大事だよ。

私の職場は女性が多いんです。女性が主になって商売を成功させている。実際にね、弱い男の私が女性をたくさん使うことなんてできないの。私がやっているのは、強い女性がそのままで働きやすいよう環境を整えただけ。

自分がキレイでいれて、にぎやかな仲間がいる。そしてがんばった分だけ稼げるような職場を提供したんです。だから、みんなも楽しく働いている。

これからは女性の時代。トップは女性の力を信じて、女性を大事にするべきなんです。

9月27日

商売の極意

たとえ、知っていることだとしても相手に花を持たせる。

商人は、誠実な人だな、清潔な人だなって、思ってもらえればいい。
商品以外のことは、たとえ知ってることでも、相手に花を持たせてあげる。
これが商人の心得だよ。

9月28日

生き方

ありえない程いい話がやってきたとき
あなたに求めているものは
あなたの現金です。
騙されない目を持つことだよ。

今までモテなかった女性に、急にイケメンのパイロットが現れ、「あなたと結婚したい」と、高級なプレゼントをしてきたら、ちょっと疑った方がいい。そういう人が現れる可能性はゼロではないけど、ほぼありえないのです。そのうち、いろんな手を使って「現金」を狙ってくる。

こういう詐欺があるんです。詐欺師には詐欺師のパターンがある。結婚詐欺でも、金融詐欺でもパターンは似ているんだよ。

ありえないことが起きたら、疑ってみる。詐欺のパターンを知っておくと、騙されることはありません。

9月29日

商売の極意

規模を大きくすれば業績が伸びるというのは間違いだよ。

大きい会社でも赤字続きの場合がある。店舗はひとつでも、大きな売上げのある会社もある。

人の器量に合わせた会社が大切だよってこと。従業員が一〇人でちょうどいい人もいるし、一〇〇人いても会社を管理できる人もいる。従業員やお店の数と、売り上げや利益は違うよ。少人数で大企業より利益を挙げている会社はたくさんある。会社や店は、自分が見届けられる範囲の大きさでいいんだよ。

9月30日

働き方

仕事はおもしろい！ そう思うと真剣になれるんだよ。

仕事はおもしろい！

なのに、誰かから「仕事はつまらない」「仕事はしんどい」「遊びの方が楽しい」って植えつけられているんだよ。

「自分の仕事で、お客さんを喜ばせたい」って、真剣に仕事に取り組んでみてごらん。

釣りより、ゴルフより、麻雀より、仕事がおもしろくなってくるから。

10月
OCTOBER

10月1日

今月は
この口ぐせを

「絶好調！　いいね！」

たいていの人は、本当に絶好調じゃないと「絶好調」って言ってはいけないと思っているでしょ？　いいかい、それが誤りなの。一人さんは、病気だって、仕事でトラブルがあったって、「絶好調だよ。今日は調子がいいね」と言います。一人さんの場合、二〇％の調子で、絶好調なの。

不思議だよ。「絶好調」「絶好調」って言っていると、「絶好調」の人が集まってきて、「絶不調」の人は逃げていきます。

いい仕事をしたいなら、この言葉を毎日言ってみることだよ。

10月2日

プロ意識

素人にほめられたら終わり。

自社ビルを建てた、都心の一等地に店舗を出した、広い土地を買った。そんな話を聞くと、まわりの人は「スゴいな〜」「銀行に顔が利くなんてすばらしい」とほめたたえるかもしれない。

でも、まわりの人って素人なんです。融資って、ただの借金なの。たくさん借金をかかえたのに、それでも、スゴいと言えますか？

本当に「スゴい」のは、借金のない人。銀行にお金を積んでいる人なんです。ビルや土地を買うために借金している会社は、銀行に信用があるとは言えません。

素人にほめられて、その気にならないことだよ。

10月3日

悩み解決

苦手だな、気に入らないな
そう思う人が
あなたを一番成長させてくれる。

会社や取引先に、苦手な人っているよね。あなたを見下す人、嫌味な人、口うるさい人……「あの野郎、ふざけんな」って思う人がいたら、猛然と勉強してください。

そして、その人を抜いたときに、「あの人のおかげで今の自分がある」って感謝できるんです。恨み言を言っていたのでは、一生相手を抜けませんよ。

さぁ、勉強しよう！

10月4日

生き方

負けから学ぶことが多いから人生は失敗が多い

人生は失敗が多いようにできています。だから、失敗しても、悩んじゃダメだよ。

「私はこんなに失敗してダメ人間だ」ととらえるか、「私は失敗から学んだから、得したんだ」ととらえるか。とらえ方が違うだけで、生き方が変わってきます。

一人さんなら、苦しいより楽しい方を選ぶけどね。

10月5日

幸福

売上七倍より幸せ七倍でいく。

仕事をしていれば、売上がいいにこしたことはない。
でも、売上七倍よりも、幸せ七倍の方がいいよね。
その方が愛がある。
お金があっても、仕事が順調でも、幸せじゃないなら意味ないよ。
愛は勝つんだよ。
売上七倍よりも、幸せ七倍を目指そうよ。

10月6日

仕事の心構え

**たとえ、隣の人がブスッとしていても
人の機嫌をとらないで
自分の機嫌を取るんです。
まずは、自分ですよ。**

隣の人が機嫌悪いと、

「どうしたの？ 何かあった？ 大丈夫？」って、機嫌を取っていませんか？

人の機嫌なんか取っちゃダメ。向こうの都合で、機嫌が悪くなっているんだから。

あなたは、隣の人に関係なく、ニコニコしていればいいんです。自分の機嫌は自分で取る。まずは、自分を幸せにしてあげてください。

10月7日

働き方

たったひとりの上司を喜ばせる。サラリーマンはここから始めてごらん。

サラリーマンは、上司をうならせるような仕事をしないと、やりたいことができないんです。

上司を納得させるためには、彼の仕事のやり方を見て、観察するの。すると、その人のくせや好みがわかる。それを考慮に入れて、提案をするんです。

たったひとりの上役も喜ばせられないで、多くの人が喜ぶことなんてできない。上の人を味方につければ、必ず出世して、やりたいことができるようになるからね。

10月8日

成功の法則

道標に到達したら間髪入れず次の地点に行くんだよ。

上に上がるときは、大きな目標を持つことだよ。そして、目標に近づく道標をいくつも持つことです。

道標に着いたら、すぐに次の地点を目指すんだよ。間髪入れずにね。これが「加速の法則」。ひと休みをしないこと。即行動です。

大きな目標まで最速で行ける方法だよ。

10月9日

生き方

一番大事なのは本当に好きかどうか。

楽しくないことを我慢してやっていても、そこに幸せはありません。ただね、小さい頃から「楽しいことばかりしていると不幸になっちゃう」と教え込まれているから、罪悪感を抱いちゃうの。我慢することが大事だと勘違いしてしまうんです。

子どもがゲーム好きなら、ゲームをさせていいの。ゲーム向きな子どもっているんです。仕事もいっしょだよ。好きな道を進めばいいの。その道を歩いていくと、いい人に出会ったり、チャンスに恵まれたりするから。最終的に、自分の望んだ通りにならないかもしれない。ただ、好きな道を楽しんで歩くと、どんな形であれ、幸せな人生になるんです。

10月10日

仕事の心

偽物は必ず、人を脅かすようなこと
不安がらせるようなことを
言います。

人を脅かしたり、不安がらせたりするのは、偽物です。宗教とか、占いとか、人生相談とかね。美容とか、ダイエットもそうだよね。

「あなたの未来は……」と言って驚かすのは、あなたからお金を取ろうとしているか、何かを売りつけようとしているんだよ。

本物なのか、偽物なのか、見抜く目を持ってください。

10月11日

10月の詩

ほほえみは神様からの贈り物
私がほほえむ時
心に花が咲き
私がほほえむ時
そよ風が吹く
私がほほえむ時
忘れていたやすらぎの
時が流れる

10月12日

一人さんも共感!

この人のココが活かせるよ

恋川純也さん

大衆演劇が大好きでね、中でも恋川純也さん、純さん兄弟を応援しています。純也さんの踊りは、繊細で美しい。頭から手の先、足の運びまで、全身全霊を傾けて、舞台に臨んでいる。その姿に魅了されます。

こういう舞台こそ、波動を上げるパワースポットだと思うよ。

［PROFILE］恋川純也

大衆演劇界屈指の芸達者。21歳という若さで「桐龍座恋川劇団」の座長を務める。2011年に劇団を弟・2代目恋川純に譲ってフリーに。以降、大衆演劇のみならず、さまざまな舞台で活躍する。

10月13日

道井さゆりの詩

目立ってください
バラの花
かすみ草のひとりごと

本の制作を手伝ってくれているライターの道井さゆりさんへ贈った詩です。ライターの仕事は目立つことはないですが、主役を盛り立てる大事な役割があります。バラのような華やかさはないが、主役を際立たせる美しさがあるんです。

10月14日

女性へのエール

自由がいいの
立派に生きても疲れるだけだよ。

強い女は強く生きな。好きなように生きることだよ。人生を楽しむために生まれてきたからね。

立派に生きても、つらいだけだよ。そのままの自分でいい。それを神様は望んでいるのだから。

10月15日

今日、仕事に行きたくない人にひと言

今日は大笑い。

「笑う門には福来たる」って言うけど、一回笑って、福が一回だけなんじゃないんだよ。

私の場合は、一回笑うと、一〇〇回福が来ちゃうの。「一笑百福」なんです。

ものスゴく福が来ちゃうから、がぜんやる気になるんです。

今日は大笑いしちゃおうよ。大笑いしていると、一〇〇の福があなたにも来るからね。

10月16日

仕事の心

会社の膿はさらけ出す。隠す方がリスクが高い。

今の時代、会社の隠ぺいは、隠せば隠すほど、リスクが高くなる。さらけ出した方がいい時代なんです。

間違いは誰にでもある。ウソをつくからたたかれるんです。でも、真実を言えばいいというものではない。

謝り方って大切なんです。真実が三なら、六くらい盛って謝らないと納得してもらえない（笑）。

謝るときは、すべて出すことだね。会社のためにも、社員のためにも。

10月17日

上に立つ人へ

トップが魅力的なら売り上げは上がるんだよ。

トップは誰よりステキで、輝いていないとね。まわりがついてこないんだよ。

「銀座まるかん」の売り上げが下がったら、私がステキじゃないってこと。この本が売れなかったら、この本の編集長が魅力がないの。

「うちの社員がだらしなくて、売り上げが伸びない」って言っている部長さん。あなたがきちんとしないから、業績が上がらないんです。

すべてトップの責任なんです。

10月18日

仕事の心

「やってみよう」と挑戦した数だけ上手になる。

人前でスピーチしたり、歌を歌うのって恥かしいものだよね。でも、「うまくできないから」「才能がないから」とか言い訳している人は、本当はできないワケではないのです。挑戦する前からあきらめている。とにかくやってみること。うまくいかない部分は改善し、また挑戦。さらに、改善していけばいい。やればやるほど、不思議な勢いがついて、ドンドン上達していくものです。

10月19日

悩み解決

自分をゆるすと心のコリがぽろっと取れるよ。

受注の数を間違えた、大事なお客様に正しい敬語が使えなかった、商談に名刺を忘れた……ささいな失敗は誰にでもあるものです。

ここで、自分を責めたりしないこと。誰にでも間違いはあります。直せばいいだけ。そして、自分をゆるしてあげることだよ。

自分をゆるしてあげると、心のコリがぽろっと取れて、気が楽になるんです。そして、まわりの人もゆるせるようになるからね。

10月20日

仕事が終わったら、やってみてごらん

北から南へ木々が色づく季節。
仕事帰りに目にする紅葉を
愛でるのもいいけど、
週末に紅葉狩りに出かけてみてもいい。
美味しいものにも
出会えそうだね。

10月21日

生き方

一冊の本から、ひとつのことだけでも勉強になれば、それで十分。

本は読まなくても生きていける。だけど、楽しく生きたいとか、よりよく生きたいと思ったら、読書は必要だよ。

それでね、読みたい本を読むこと。おもしろくて楽しい本をね。

そして、一冊の中に、一行でも「なるほど！」って思える内容があったら、いい本だよ。一冊の本から、ひとつでも学ぶことがあれば、それで十分なんです。

10月22日

商売の極意

商売で成功するのは人さまからえこひいきしてもらうことなんだよ。

商売って、人さまからえこひいきしてもらうことなんだよ。成功するためには、お客さんに、えこひいきしてもらうような性格になることなんだよね。

三〇〇メートル離れていようが、五〇〇メートル離れていようが、わざわざ会いに来たくなっちゃうくらい、可愛がってもらえる性格になること。

商品だけじゃない。最後は、売る人の魅力なんだよ。

10月23日

宇野信行の詩

輝ける満天の星
青き海原
咲きほこる花たち
いま神の愛に
心から感謝します

「漆黒の闇に神様が光りものをちりばめて満天の星をつくり、また、色とりどりに咲く花を見たいと思った神様は、地球をつくって命を育む水を満たし美しい海を作りました。そして、天から地上に咲く花たちを見つめる神様の愛から私たち人が生まれました——という神様とのきずなを描いた詩です」（宇野信行談）

10月24日

働き方

仕事の秘策「三出せ主義」で道を開こう！

資金がなくても仕事を成功させる方法を教えてあげよう。

①金を出さずに、知恵を出す。

②知恵がなければ、汗を出す。

③何も出さない怠け者は、追い出す。

この「三出せ主義」をやり続けていくことだよ。たとえ失敗しても、やり直すことができるんです。ムダなお金は出しちゃいけないよ。

10月25日

成功の法則

自分らしく生きる
自分らしい仕事の仕方をする
そういう人が成功者なのです。

世界中を見まわしてごらん。同じ人間っていないだろ? 人間はひとりひとり、顔も違えば、生まれた場所も違う。性格だって、考え方だって違うんだよ。みんな違うということがいいところなんです。

だからさ、自分らしく生きること。自分が楽しく生きることが大切だよ。

仕事も同じなんです。自分らしい仕事の仕方を見つけて、やり続けることです。それで、成功者になれるんです。

10月26日

働き方

四方よしのアイデアならどんな仕事もうまくいく。

「自分のためにもなるし、人のためにもなる。社会の役に立つし、神様の役にも立つ」。

この四方よしのいいアイデアがあったら、絶対成功するんです。とにかくやってみることだよね。

誰かに相談しても、その人に合う方法はその人にしかわからない。経験を重ねて、うまくできる方法を見つけていくことだよ。

10月27日

商売の極意

いいことの後の危険を見抜く目が大事だよ。

あなたの会社の商品が爆発的にヒットしたとします。でも、ひとつの商品がヒットしたからといって、すぐに店を大きくしたり、工場を作ったりするのは、危険です。

さらに、設備投資のために銀行から多額の融資を受けたら、大変なことになる。その商品が下火になったとき、残るのは在庫と借金だけです。

いいことがあったからと、すぐに手を広げない。売れたあとの先行きを見極めるのも社長の仕事なんです。

10月28日

生き方

最後には必ず勝つからね。

あなたは、あなたの人生という名の主人公なの。人それぞれドラマがあり、波乱万丈だったり、つらい思いばかりだったり、いろいろあります。

でも、ここが肝心だよ。人生は「最後は自分が勝てる」ようにできてるんです。重要なことは、その勝ちに気づける人と気づけない人がいるのです。

つらいことに立ち向かって、やさしさを身につけた人——そういう人こそ、真の勝者なんです。それがわかれば、あなたは大丈夫だよね。

10月29日

プロ意識

「自分の仕事が一番カッコいい！」って誇りを持って働くことだよ。

サラリーマンは企業戦士として、社会の歯車になって戦うプライドがなければいけません。農業をしている人は、日本人の食を担っているのは自分たちだという自信がなければなりません。商人は物を売る人が、一番カッコいいと思わなくてはダメです。

職種は数限りなくあるけれど、自分の職業、自分の仕事にプライドを持つんだよ。たとえ、職種を変えても、仕事にプライドがあれば、どんな職業でも成功できるの。

10月30日

一人さんの美学

どうせ死んだら財産はこの世に置いていく。税金をごまかしても得はないよ。

私は税金をごまかして、私腹を肥やそうなんて、微塵も思っていません。どんなに財産を持っていても、死んだら使うことはできないんです。それに、私は仕事が好きなんです。税金をごまかす時間があれば、仕事のことを考えたいしね。

稼いだお金が税金に使われれば、学校を建てたり、橋を作ったり、多くの人の役にも立つ。だから、税金は正しく払う。自分のためであり、多くの人のためでもあります。

10月31日

生き方

やるなら、今だよ。ほとんどのことは今、できるんだよ。

定年退職したら世界一周したいとか、一〇〇万円貯まったらお店を開業したいとか、夢を語る人がいるよね。

でも、いつかいつかいつかって言っている間に、時間は経っていくものだよ。

やるなら、今だよ。やりたいことを、待つ必要はない。すぐやるんです。

がんばれば、できないことはないんです。

11月
NOVEMBER

11月1日

今月は
この口ぐせを

「ワクワクする」

成功者の苦労話を聞くと、「三日徹夜もいとわなかった」という話になるよね。

でも、これって苦労ではないんだよ。好きな仕事に熱中して時間を忘れていただけ。ワクワクして仕事をしていたら、やめられなくなっただけなのです。

楽しんで、ワクワクした気持ちで仕事をすれば、必ず成功していきます。

今月は、「この仕事、ワクワクするよ」と言って仕事をしてごらん。成果が挙がること間違いないですよ。

11月2日

生き方

「青は藍より出でて藍より青し」。
いろんなものと出会い
それをあなたの「藍玉」にすればいい。

このことわざは、藍染めのことを言っています。布を青く染めるための染料の元を「藍玉」と言って、この「藍玉」をツボの中に溶いていくんです。そこに、白い布を浸していく。もともと「藍玉」は、たいして青くないんです。そして、一回目につけた布も、それほど青くならない。ところが、ツボから引き上げ、空気に触れると、少しずつ青になる。この作業を繰り返すことで、最終的には藍玉より鮮やかな青になるんです。

だからあなたも、多くの魅力的な人に出会って、それを「藍玉」にするといいんです。藍玉のツボにつかって社会に出たとき、「藍玉」以上の青く輝くあなたになりますよ。

11月3日

人間関係

威張り散らす上司はよほど未熟か魂が成長していないんです。

仕事をしている人で上下関係があったとしても、仕事人としては平等です。上司が威張って、怒鳴りつけたり、嫌味を言う必要はないんです。間違ったことは、アドバイスするだけでいいんです。怒れば、怒るほど、委縮してしまいます。

上に立つ者も、部下も、自分の機嫌を取ればいいんです。自分がご機嫌なら、冷静に物事を判断できます。

他人に左右されず、自分の機嫌を取れるようになれば、魂はグッと成長しますよ。

11月4日

神様

経済というものは経済だけで動いているのではない。

経済って、実は経済だけで動いているワケじゃないんです。

この世には、「神」という、もうひとつの秩序があるの。その神様は、宇宙の中心にいる大いなる存在です。そして、人類は大いなる神様の意志で動く。その意志にのっとって進歩していくんです。

これは私の考えだから、信じてもらえなくてもかまわない。でも、私は神様の意思に素直に従って、今のような成功を手に入れたんです。

11月5日

仕事の心

世の中って本当に甘いんです。

「世の中甘くない」って言う人もいるけど、それは思い込んでいるだけ。その甘くないという出来事は、あなたが引き寄せているんです。目的を持ったら、目的に向かっていけばいいだけなの。社会って、何回失敗しても、やり直しは利くんです。失敗したら、改善する。失敗したら、改良する。いずれ、目標に行きつくようになっているんだよ。

11月6日

11月の詩

花があり
水があり
歌がある
私はまた
天国に生まれた

11月7日

成功の法則

「あなたのところから買いたい」そう思われる人になることだよ。

「この人のために何かしてあげたい」という心が商売を生むの。愛が大事なんです。

うまく栄養が摂れない人にサプリを作ってあげようとか、妊婦でも着られる華やかな服を作ってみようとか、ね。

その愛を受け取った人が、「またあなたのところから買いたい」と思うんだよ。

愛から始まったものは強いよ。

11月8日

悩み解消

**不安に思ったり
心配な気持ちになったら
とにかくほほえめばいいの。
心がほっとゆるむからね。**

心配や不安が湧き出てきたとき、防御する方法を教えましょう。うれしくなくていいから、ほほえんでみるの。口角を上げて、ニコッとね。笑顔になると、心がゆるむんです。そしてニコニコしているうちに、幸せな気持ちになってくるから。

今日、職場でイヤなことがあったら、イヤな顔せずに、ほほえんでみるんだよ。

11月9日

一人さんも共感!

この人のココが活かせるよ

信長さん

信長さんは、私のお弟子さんの紹介で出会った、歌舞伎町のカリスマホスト。ホストでの経験を活かし、成功する仕事の手法、リーダーシップの取り方などさまざまな本を出しています。

まわりの意見を気にせず、信じた道を進む姿は、勢いがあっていい。

今後も活躍していく若者だと思いますよ。

[PROFILE] 信長

歌舞伎町のホストクラブ「Club Romance」プロデューサー、ビジネス書作家、講演活動の他、ラジオMCとしても活躍。1979年生まれ。東京都出身、早稲田大学教育学部卒業。斎藤一人との対談集『人間力』など著書多数。

11月10日

一人さんの美学

これからは仕事は「祭り」と思うこと。毎日が楽しいだろ？

祭りって、とにかく無条件に楽しいよね。仕事も祭りみたいに楽しいと思うことだよ。

わっしょい、わっしょいって威勢よく盛り上げていく。ハレの服を着てね。私は、祭りのように、にぎやかで楽しく商売がしたいの。

帳簿とにらめっこしているような仕事はしたくない。仕事が楽しければ、毎日楽しいだろ？

11月11日

仕事の心

景気の気は、気持ちの「気」。気持ちで、景気は左右されている。

景気が悪いと、人の心も沈んでいって、お金を使っちゃいけないムードになる。メディアでは、就職ができないとか、ホームレスが増えているとか報道されて、高級品を買っちゃいけない気になるの。

景気の気は、気持ちの「気」。気持ち次第で、経済が左右されていることを見抜かなきゃいけない。お金を使っちゃいけないムードにさせられて、お金が回っていないだけなんです。

お金がある人は、お金をドンドン使えばいい。そしたら、お金が回って、景気は回復していくんです。

11月12日

今日、仕事に行きたくない人にひと言

今日はいいことがある。

「今日はいいことある」って思ってごらん。
いいことある予定なんて、なくてもいいの。
「今日はいいことある」って思って
仕事をしていると不思議だよ。
ちょっといいこと起きるから。

11月13日

生き方

愛から生まれるものに失敗はないよ。

人間の心には愛と恐れしかないんだよ。愛から生み出されたものは、失敗することとなんてないんだ。

この企画を上司に見せたらバカにされるかもしれない、会社を辞めたら食えなくなっちゃう、こんなふうに恐れや不安から出たものは、うまくいかないんだよ。

自分の行いに愛があるか、問い直してごらん。愛があれば、大丈夫だよ。

11月14日

悩み解決

過去は変えられるんだよ。変えちゃっても問題ないの。

過去は、自分の中にある思い出だから、好きなように変えられるんだよ。

仕事で恥をかいて笑われても、みんなが笑ってくれたいい出来事って思えばいい。会社の人に意地悪されたら、自分のことをかまってくれたとおもしろい話に変えちゃえばいい。

そうやって、悪い思い出はいい思い出に書き換える。全然問題ないよ。

11月15日

働き方

仕事はさ「自分ひとりでやる！」という気持ちが大切だよ。

会社を始めるとか、新企画を始めるとか、とにかく新しいことをやろうとするときは、自分ひとりから始めることだよ。

一人さんが作った「銀座まるかん」だって、ひとりで始めたんだよ。「自分ひとりでやる」ってがんばると、応援する人が集まってくるものなんです。

成功するか失敗するかわからないことで、人を頼るべきではないよ。

11月16日

柴村恵美子の詩

人生は輝ける修行
大地を流れる赤きマグマ
天界の白き光
今、宇宙に向かって七つのチャクラが開く

「私が悩んでいた頃に、しっかりと人生の旅路を歩き続けることができるようにとくださった詩です。『大地を流れる赤いマグマ』とはこの世に生まれたということ。『天界の白き光』というのは向こうの神様の世界のこと。私たちは、この世界と神様の世界を何度も生まれ変わりながら行き来し、その中で魅力的な人間になり、幸せに成長していく。この世に生まれてきた目的を教えてくださっています」（柴村恵美子談）

11月17日

生き方

大木だって初めは小さいんだ。

大木だって、初めはちっちゃい芽なんです。会社もいっしょ。どんな会社でも最初は小さい。だからね、小さいことを恥かしがることはないよ。はじめは小さいことから始まるからね。

小さいことが積み重なって、大木になっていくんだ。まずは、小さい芽を出すために、一歩を踏み出すことだよ。

11月18日

働き方

頼まれた仕事は
快く受ける。
神様が用意してくれた
チャンスだから。

仕事で頼まれごとをしたら、それは、神様が用意してくれたものなのです。チャンスと思ってごらん。イヤな顔をせずに、気分よくやってみよう。また、次の仕事を頼まれるから。それも、快く引き受け、楽しくこなすこと。

頼んでいる方も、あなたの得意な仕事しか頼まないようになるよ。自分の武器をわかるきっかけにもなる。

11月19日

成功の法則

「苦労すること」と「得意でないこと」は、今すぐやめよう。やめていいんだよ。

成功することは、難しいことのように思っているみたいだけど、そんなことはないんだよ。「苦労すること」と「得意でないこと」をやめたとき、成功へのエンジンがぐんぐんかかっていくんです。

成功した人の話を聞いてごらん。「好きなこと」「得意なこと」しかやらないで、うまくいっているの。

苦労すること、得意でないことは、今すぐやめる。成功に近づくコツだよ。

11月20日

仕事の心

元気なら働ける。こんなにいいことはないよ。

「働くのがイヤだから、早く定年が来てほしい」と思う人もいるかもしれません。でも、一生元気で働けることは、実は素晴らしいことなのです。健康で、人の役に立って、誰の世話にもならず、お金を稼いで生活する。そして休みには旅行に出かける。このような普通に思える日常は、実は幸せに満ちたものなのです。

仕事がなくて、毎日何もすることのないむなしさや怖さは、歳を取らないとわからないのかもしれません。

だから、毎日、働けることに感謝する。そして笑顔で働く。元気ならば、それを続けていきましょう。

11月21日

仕事運

「自力の後に、他力あり」まずは、自分の努力から。

自分の力で努力していると、それを見たまわりの人から、助けが来ます。そして、運も向いてくるんです。

ある神主さんは、毎日懸命に掃除をし、草取りをしていました。それを見ていた近所の人が、ひとりまたひとりと手伝うようになっていったんです。

神社を一生懸命掃除をする神主さんに感動して、応援する人が出てきたワケです。

「自力の後に、他力あり」。まずは、自分の努力からだよ。

11月22日

上に立つ人へ

社長が威張らないと社運が上がる。

社長とかね、上に立つ人が威張らないと、いいことがあるんです。威張らないと、人に嫌われない。当たり前なんだけどね（笑）。この当たり前を社長がやると、「あそこの社長は立派だ」なんて言われちゃうんです。

会社の慰労会のときはお金を払って早く退散する。ものを頼むときは「すまないね」「ありがとう」を言う。ささいなことで人を思いやれるかどうかなんだよ。

人に好かれる社長がいる会社は、社運が上がるんです。

11月23日

勤労感謝の日に贈る言葉

働くとは「はた」が楽すること。
今日だけでも「はた」が楽するほど
働けたかな？

11月24日

プロ意識

プロで食えたのは二〇世紀まで二一世紀は「プロ中のプロ」じゃなきゃ成功しないよ。

「プロ中のプロを目指す」って、声に出して言ってみよう。成功とは心構え。プロ中のプロを目指すとき、心はプロ中のプロに向くんです。

もちろん、最初からうまくなんていかないよ。失敗ばかりだよ。でも、何回か挑戦と失敗を繰り返していけば、成功していくんです。

仕事に真剣になることだよ。

11月25日

生き方

大人になってからの勉強は楽しいし人生に差をつける。

大人になって勉強すると、学べば学ぶほど人生に「知識」という差がつく。その「差」をどんどん増やすには、人の役に立つように、知っていることを教えていくことなんです。

まずはさ、読みたい本を読んでいくこと。難しい本でなくていい。興味があることが書いてある読みたい本から始めればいいんだよ。

11月26日

仕事の心

そのままに見る
大きいことは大きいままに
小さいことは小さいままに。

そのままの大きさで物事をみてごらん。大げさに考えちゃうと、余計なエネルギーを使ってしまうんだよ。反対に小さく考えてしまうと、準備不足になる。

だから、起こったことをそのままの、ちょうどいい大きさで見ることが大事なんだ。それができると、自然と答えが見えてくるんです。

11月27日

悩み解決

仕事って、あるだけで人を助けてくれるんです。

人生でつらいことがあったとき、仕事って、それ自体が人を助けてくれると思うんです。仕事に集中していれば、それだけで気がまぎれるもんなんです。

お葬式のとき、残された家族は、式の支度であれやこれや忙しいでしょ？ いろいろやることがあると、その間は悲しみを少しでも忘れることができるんです。

仕事って、つらい心を忘れさせる、そういうところもあるんです

11月28日

女性へのエール

女性はキレイになるのが仕事。仕事ができてもキレイじゃなきゃ人はついていかないよ。


女性の一番の仕事は、キレイになること。

職場でどんなにいい仕事をしていても、ボロボロの格好をして、肌もカサカサな人は、結果を残せないよ。これは、男もいっしょだよ。

人間、魅力なんです。キレイにしていれば、まわりがついていきます。

まずは、見た目からでいいんだよ。努力してみることだよ。

11月29日

働き方

人から、ものを頼まれるような人になる。ここで、イヤがっちゃだめだよ。

会社の人からものを頼まれたら、まずは大きな声で「はい」って言って、やるんだよ。

懸命にやれば、ここで、イヤがらず受けること。次もその次も頼まれるようになるんです。

会社のみんなからものを頼まれるような人は、強い運を持っています。

だから、頼まれごとは、断ったりせず、笑顔で受けてくださいね。もちろん、できる範囲でね。

11月30日

仕事が終わったら、やってみてごらん

あったかい鍋をつつきながらのビールは
格別だね。
いい気分で
「今日の仕事、うまくいったな」って
声に出して言ってみてごらん。
明日は、もっとうまくいくから。

12月
DECEMBER

12月1日

今月は
この口ぐせを

「愛してます」

なかなか口に出して言うのは、恥かしいけれど、愛している人に「愛している」と素直に伝えることは大事だよ。言葉にしないと、伝わらないよ。師走は、なかなか会えない家族や友人に会う機会がある。また、好きな人と過ごす特別な日もあるね。パートナー、恋人、家族、友人、愛するすべての人に「愛しています」って言ってみよう。愛のある一年を過ごせたことに感謝する思いでね。

12月2日

悩み解決

合わない仕事は辞めていい。次の最善の仕事を探すだけ。

今の仕事が自分に合っているか、気になることがあるよね。働いてみて「やっぱり無理だ」「このままじゃ、自分が壊れてしまう」って感じたら、親や世間が何と言おうと、自分には向いていないのだから辞めた方がいい。もちろん、最初のうちは、我慢して様子を見るのもいい。でも、ある程度の時間が経ってもそう思うなら辞めるべき。

この会社が最善と思っても、そうじゃないことだってある。次の最善策を考えればいい。仕事はたくさんあるから、心配はいらないよ。

12月3日

働き方

肩書で差をつけたら、うまくいかない。立場は違っても同じ人間なんだよ。

社長や上司も、あなたと同じ人間です。上司にほめられたら、うれしいよね。でも、社長も社員からほめられたら、うれしいんです。上司も部下からほめられるとうれしい。同僚だって、うれしいんだよ。

上とか下とか、差をつけちゃいけない。立場が違っても、みんな人間です。このことに気づいて人に差をつけなくなったとき、あなたは悟り（差取り）を得るんだよ。

12月4日

成功の法則

人生の師匠選びに許可などいらない。

芸事や技術を学ぶためには、師匠を選び、許可を得て弟子になる必要があります。

でも、人生の生き方を学ぶ師匠は、その人の許可なんていらないんです。直接会うことができなくてもいい。いいなと思う人がいたら、本を読んだり、講演会を聞くだけでいいの。まず、その人を好きになるかだね。

好きになって、その人の考え方に触れて、自分が変わったかどうか。そして、実践してみて、大きく変わったのであれば、その人こそ、あなたの師匠です。

12月5日

悩み解決

「私のまわりにはいい人しかいない」って言ってごらん。イヤな人は、いなくなるから。

職場や取引先には、イヤな人、合わない人はいるもの。まわりの人に「本当に困った人がいてイヤになる」「あんな上司と仕事がしたくない」と愚痴ってはいないかい？　こうした地獄言葉（p160）を言っていると、また言わなくてはいけない事態に陥ります。

この場合、「私のまわりにはいい人しかいない」。こう言ってみるの。自分の理想を何度も口に出して言い続けると、奇跡が起こるんだよ。そう、本当にいい人しかいなくなるの。

12月6日

仕事の心

本当に努力をした人って、成功しても「みなさんのおかげです」って言う。そういう人が強運をつかめるんです。


だらだら仕事をやって、たいした努力もしてない人に限って「私は努力してきました」って言うんだよね。

本当にがんばっている人は、「みなさんのおかげです」「運がよかった」って言うんだよね。

成功した人の生き方をよく見てごらん。人に感謝して、人の分まで働く人、頼まれたことをイヤな顔せずに受けるような人が、運をつかめる。まずは、あなたが試してごらん。

12月7日

悩み解決

「よくなる」前提で生きると本当によくなる。

人生に困ったことは起きないのです。だって、自分の人生は、自分の責任で決めているのだから。自分でも処理できないような困ったことは起こるはずはないのです。

私の人生もあなたの人生もよくなるようにできているの。「よくなる」って、思い込んでいれば、別に何も問題は起きないのです。

今やっている仕事も、必ずいい方向へ行きますよ。そう思って、やる。そうしたら、本当にうまくいくから。

12月8日

お金

神はお金を要求したりしないよ。

神様は決してお金を要求したりしない。だから、いくらお布施をしても、どれだけおさい銭をあげても無駄。そうだよね、神様はお金をもらったって使えないんだから。

神様のいる天に向かって、お金を投げても自分に戻ってくるだけ。「お前が使え」ってことだよね。神様は「お金は大切にしなさい」って言っているんです。

もちろん、私も神社にお参りに行くと、おさい銭をあげることもある。ただし、これは神社とかお寺を守ってくれる人のためにあげているの。神様や仏様にあげているんじゃないんだよ。

12月9日

上に立つ人へ

リーダーはね
みんなに好かれなきゃ
いい仕事はできないよ

リーダーは怖くて、厳しいから下の人を統一できる。そんなのウソだよ。下の人から好かれている方が仕事はうまくいくんだよ。

「この人のためならがんばろう」って、思われることが大事。お互い「愛」がなきゃ、向上しないんです。

もし、あなたが社長なら、社員から「この会社はつぶしたくない」と言われ、お客様から「あの会社はつぶしたくない」と言われる。そして世間から「いい会社だからつぶしたくない」と思われるような、愛される会社を作ることだ。これが理想の会社なんだよ。

12月10日

仕事の心

好きなことは探せば必ず見つかるよ。

「私は好きなことがないいんです」って言う人がいるけど、本当にないのか、よくよく考えてみるといいよ。

例えば、死ぬ前に何が食べたいか考えてごらん。お寿司かな？　ハンバーガーかな？　もしくは、お茶づけかもしれない。そんなところから自分探しをしてみるんです。

好きなものがない人って、小さい頃に、自分の気持ちを封印するような出来事があったんだよ。大人になっても自分の意見が言えないんだ。そういう人は、自分探しの旅を始めてごらん。子どもの頃から振り返ってみて、自分は何が好きだったか、思い出してみることだね。

12月11日

12月の詩

雪の白と
ひまわりの黄色
真赤な夕焼け
みんな
神様のつけた色

12月12日

仕事の心

強い相手に「負けた」なんて思わないこと。どこかで勝つことを探せばいい。

今、仕事では負けていたとしても、「負けた」なんて思っちゃいけないよ。相手に勝つことを考えるんだ。

大食いでも、足の長さでも、外見でも、何でもいい。彼女の数とか、パンツの数とかでも楽しい（笑）。

勝った方も負けた方もユーモアを感じる、そんな競争を自分の中でしてみたらいい。

12月13日

仕事の心

自分で自分の心をパニックにしちゃいけない。ちょっと深呼吸をして、心を落ち着かせて。冷静になったところであらためて考えてみようよ。

不渡りを出した、支払いが遅れている、人員不足で納期に間に合わない……仕事をしていると、トラブルはつきもの。

人はいろんなことに恐怖を覚えるけど、自分でパニック状態にしちゃいけないよ。深呼吸でもして、心を落ち着ける。そして、冷静になったところで、ゆっくり考えるんです。よく考えれば、答えは出てくる。

「考えること」は、神様が万人に与えてくれた能力です。この能力を最大限に活用すべきです。

12月14日

プロ意識

「取りに行く」ではなく、「断られに行く」のが仕事。

「一〇〇回断られてもいいんだ」。そう思って仕事相手に会ってごらん。そして、断られるたび、その都度あなたのいいイメージを印象づけてみるんです。何より、感じよく断られるのがポイントだよ。すると、あるとき、あなたを思い出して、頼んでくれることがあるから。

仕事をいっぱい取ってくるんじゃないの。断られて断られて、断られる。その畑を耕して、耕しながら根を張っていくと、いつの間にかいいお得意様になるんです。

12月15日

一人さんも共感!

この人のココが活かせるよ

高橋竹山さん

高橋竹山さんが三味線を始めた頃、弟子の中でも一番不器用だった。だからこそ、さまざまな工夫をした。練習する中、三味線の下の方を浮かして叩くと、琴のような音がすることに気づくんです。そして。人の出せない音をものにし、名人と言われる演奏家になったんです。

不器用は不器用でいい。ないものから、得るものってあるんです。

[PROFILE] **高橋竹山**

津軽三味線の名人。本名高橋定蔵。一地方の芸であった津軽三味線を全国に広めた第一人者である。演歌歌手北島三郎が歌った「風雪ながれ旅」のモデル。

12月16日

仕事の心

仕事はドロ縄だよ。泥棒を捕まえてから縄をなうんだよ。

仕事は「ドロ縄」なんだよ。まず、泥棒を捕まえる。すぐにね。そのあと縄をなってもいいんです。

これが、縄をなってからでは遅いんだよ。だって、泥棒は逃げちゃうでしょ？　まずは、捕まえるんだよ。

仕事もまずは、やってみる。やってみて、失敗したら、これではダメってことがわかるんです。そして、改良してまたやるの。やらなきゃ、仕事も逃げちゃうよ。

12月17日

商売の極意

仕事はスピードが命。
でも、頭は常に冷静でなくちゃいけない。

仕事の中でも特に商売は、スピードが大事なんです。だけどね、スピードだけじゃ危ないこともある。事故を起こしちゃうからね。

頭は冷静で、落ち着いていなくちゃいけない。瞑想しているような冷静な自分でいることだ。商売は判断能力が必要だからね。

12月18日

尾形幸弘の詩

小さなことを
つみあげて
大きくなった
ピラミッド

居酒屋を経営している尾形さんは、私の本を読み、「もしも斎藤一人さんが居酒屋をやっていたら……」を軸足に、店づくり、人づくりを展開。笑顔の接客、楽しい仕掛け、人情のあるおもてなしで、「また来たい」と思わせる店をつくり上げ、売り上げを大幅にアップさせ、事業を大きく展開した人だ。相手を喜ばせるアイデアを常に考える、人を大事にする、その姿勢が成功を引き寄せているのだと思うよ。

12月19日

遠藤忠夫の詩

春は若葉のにおいが好き
夏はきらめく太陽が好き
秋は風に舞う落葉が好き
冬は海に降る雪が好き
でも、どんなすてきなことより
あなたが一番好き

「この詩はひとりさんが旅の車中で書かれたものです。この日本には四季があり、四季それぞが素晴らしいけれども、一番素敵なのはあなた自身なんだよ。と優しく教え気づかされているような詩です。私はこの詩を見るたびに一人さんや仲間の顔が浮かびます」（遠藤忠夫談）

12月20日

幸福

ちょっとダメなところがあっていいよ。
そんな人は多くの人から愛されるから。

何かに成功している人というと、完璧な人って思うかもしれない。中には、「完璧な人」もいるでしょうが、完璧すぎると、多くの人に愛されないんです。

みんなから愛される人って、成功しながらも、ちょっとダメなところがある人なんです。女性好きだったり、忘れ物が多かったり、ね。完璧そうに見える人が、ちょっと抜けた部分があって、それを赤裸々に話してくれると、共感が生まれるの。そして、応援したいという気持ちになる。

だから、ダメなところがあっていいんだよ。

12月21日

人間関係

「自分が大切」と「自分だけが大切」ってよく似てるけど、ぜんぜん違うよ。

一人さんはね、自分のことを「一人さん」と呼びます。呼び捨てするなんて、とんでもない話で（笑）。それくらい自分を愛しているんです。もちろん、お弟子さんたちにも、呼び捨てで呼んだことなどありません。自分を大切に思っているからこそ、人のことも大切に思っているのです。

「自分が大切」と言うと、世間はよくないことって言うけど、よくないのは「自分だけが大切」ということなんです。言葉は似ているけど、ぜんぜん違う。

「自分が大切」にできない人は、人も大切にできないよ。

12月22日

生き方

みんな元気ですか？
一人さんも元気です。
今日はいいことありますよ。

今日会った人に「今日は元気だ！」って言ってください。さらに、「今日はね、とってもいいことがありそうな気がする」って言うの。

このひと言が体を元気にして、本当によいことを運んできます。はじめに言葉ありきなんです。いい言葉からいいことが始まるんですよ。

12月23日

働き方

人の意見を否定するときは代案を出すんだよ。

会社の企画会議で、「これは売れるぞ」って提案するじゃない？　すると、いろんな理由をつけて、売れないからやめろって言う人がいるよね。

これがダメっていうなら、もっといい意見があるんだよね。他人の意見を否定するのはいいけど、それに代わる案を出すべきなの。

それが「愛」なんだよ。

12月24日

天国の詩

こんないい所に
ひとりでも多く
これるようにしたいんだ
あなたは
そういう人ですね

12月25日

今日、仕事に行きたくない人にひと言

今日はつらかった昨日と違う日だ。

昨日はつらかったかもしれない。
でも、大丈夫。今日は大丈夫。
昨日は失敗したかもしれない。
でも、大丈夫。今日は大丈夫。
今日は昨日とは違うのだから。

12月26日

悩み解決

過労死って
イヤなことをやらされてるから
生まれるんだ。
イヤな会社は、辞めるべきだよ。

自分に合わないと感じたら、会社は、辞めればいいの。
過労死するまで勤めちゃダメだよ。
会社は簡単にはなくならないんです。
なぜなら、その会社で満足している人もいるのだから。
自由意志があるんです。自分から辞めることだよ。命を奪われる前にね。

12月27日

商売の極意

企業って、全員で一〇〇点取ればいいの。社内で競争しても、いいことないよ。教え合えばいいんだよ。

順位をつけて、競い合うなんてメリットないよ。人間関係も悪くなる。順位は教え合うためにあるの。

一番の人が、他の人にやり方を教えてあげればいい。そうすれば、みんな業績が上がるんです。全員で一〇〇点が取ればいいんだから。

「銀座まるかん」は、そうやって、仕事をしてきたんです。だから、みんな仲がいいの。

12月28日

仕事が終わったら、やってみてごらん

そろそろ仕事納め。
仕事が終われば、
やはり彼女に会いに行きたいよね。
たまには甘えていいんです。
もちろん、女性も彼氏や旦那に
思いっきり甘える。
今日は、仕事のことは忘れて、
好きな人に甘えてみよう。

12月29日

幸福

肯定的な言葉をどんどん出すんだ。これも訓練だよ。

物事を否定的に取るか、肯定的に取るか、その違いが人の人生を左右します。何があっても、肯定的に捉えること。焦らなくてもいいんです。少しずつ肯定的にしていけば、加速がついていきます。これも訓練です。

例えば「今日、顔色が悪いね」と言われたら、病気なのかもとビクビクするのではなく、「ちょっと顔色がよくない方が調子いいんです」とユーモアをもって返す。

こんなふうに肯定的な言葉をどんどん発していく。そうしていけば、まわりも明るくなるんです。

12月30日

白光の誓い

自分を愛して他人を愛します
優しさと笑顔をたやさず
人の悪口は決していいません
長所をほめるように努めます

愛弟子たちに最初に贈った誓いの言葉。

12月31日

大晦日に贈る言葉

今日で終わり
明日からまた命が始まる。

斎藤一人（さいとう・ひとり）
東京生まれ。実業家・著述家。ダイエット食品「スリムドカン」などのヒット商品で知られる化粧品・健康食品会社「銀座まるかん」の創設者。1993年以来、全国高額納税者番付12年間連続6位以内にランクインし、2003年には日本一になる。土地売買や株式公開などによる高額納税者が多い中、事業所得だけで多額の納税をしている人物として注目を集めた。高額納税者の発表が取りやめになった今でも、着実に業績を上げている。また、著者としても「心の楽しさと経済的豊かさを両立させる」ための本を多数出版している。『眼力』（サンマーク出版）『強運』（PHP 研究所）『俺の人生（すべてが成功する絶対法則）』（マキノ出版）『お金の神様に好かれる人のスゴい口ぐせ』（宝島社）『使命』（KADOKAWA）『一日一語』（ぴあ）など著書は多数。

さいとうひとり公式ブログ
https://ameblo.jp/saitou-hitori-official

斎藤一人 一日一語
三六六のメッセージ 仕事編

2018年12月20日　初版発行

発行人　木本敬巳
著者　斎藤一人
協力・監修　舛岡はなゑ
企画・原稿・編集　相川未佳
編集　大澤直樹　丸野容子　内田恵三
装丁　金井久幸（TwoThree）
DTP　TwoThree
発行・発売　ぴあ株式会社
〒150-0011
東京都渋谷区東1-2-20
渋谷ファーストタワー
03-5774-5262（編集）
03-5774-5248（販売）
印刷・製本　中央精版印刷株式会社

ISBN978-4-8356-3903-1